Sabine Kruse / Uwe Petersen

Wegweiser Futtermittelrecht

Grundlagen kompakt und verständlich

1. Auflage 2016
2. Auflage 2021

Bibliografische Information der Deutschen Nationalbibliothek
Die Deutsche Nationalbibliothek verzeichnet diese Publikation in der Deutschen Nationalbibliografie; detaillierte bibliografische Daten sind im Internet über http://dnb.dnb.de abrufbar.

ISBN 978-3-86263-166-7

mail@agrimedia.com · www.agrimedia.com
Satz/Layout: Anna-Lena Wahl, Nils Helge Putzier
Gedruckt in der Europäischen Union
Der Inhalt dieses Buches ist auf säurefreiem, alterungsbeständigem Papier gedruckt, hergestellt aus chlorfrei gebleichtem Zellstoff aus FSC-zertifiziertem Holz.

Sabine Kruse / Uwe Petersen

Wegweiser Futtermittelrecht

Grundlagen kompakt und verständlich

2. Auflage

AGRIMEDIA

Autoren

Dr. Sabine Kruse, Regierungsdirektorin

Nach dem Studium der Tierproduktion und Promotion an der Humboldt-Universität in Berlin war Dr. Kruse im Institut für Agrarökonomie der Landwirtschaftswissenschaften der DDR in Berlin tätig. 1991 wechselte sie in das Bundesministerium für Ernährung und Landwirtschaft und war dort von 1996–2019 im Referat »Futtermittelsicherheit, Tierernährung« beschäftigt.
Dr. Kruse wirkte an der Entwicklung des europäischen und nationalen Futtermittelrechts mit und vertrat als Sprecherin der deutschen Delegation den Bereich Futtermittel in den europäischen Arbeitsgremien. Darüber hinaus war Dr. Kruse koordinierend bei der Anwendung des Futtermittelrechts durch die zuständigen Behörden der Länder tätig. Dr. Kruse ist auch weiterhin im Rahmen der europäischen Fortbildungsprogramme und bei der Ausbildung der Futtermittelkontrolleure tätig und vermittelt Kenntnisse im Bereich Futtermittelrecht und Futtermittelsicherheit in Deutschland, Europa und darüber hinaus. Dr. Kruse ist gemeinsam mit Dr. Petersen Herausgeberin einer Loseblatt-Sammlung zum Futtermittelrecht.

Dr. Uwe Petersen, Ministerialrat a.D.

Nach dem Studium der Agrarwissenschaften und Promotion am Institut für Tierernährungslehre der Christian-Albrecht-Universität in Kiel war Dr. Petersen zehn Jahre am Institut für Tierernährung der Bundesforschungsanstalt für Landwirtschaft (FAL) in Braunschweig-Völkenrode als wissenschaftlicher Mitarbeiter beschäftigt. 1981 wechselte er in das Referat »Futtermittel, Tierernährung, Tierarzneimittel« im Bundesministerium für Ernährung, Landwirtschaft und Forsten in Bonn. Von 1988 bis zu seinem Ausscheiden aus dem aktiven Dienst war er Leiter des Referats.
Dr. Petersen war bereits während seiner Tätigkeit im Bundesministerium engagiert in der Vermittlung der futtermittelrechtlichen Vorschriften und deren Anwendung im Inland sowie in zahlreichen Mitgliedstaaten der Europäischen Gemeinschaft. Über mehrere Jahre war er in Saudi Arabien in die Entwicklung des Futtermittelrechts und der Organisation der Futtermittelüberwachung beratend eingebunden.
Dr. Petersen ist gemeinsam mit Dr. Kruse Herausgeber einer Loseblatt-Sammlung zum Futtermittelrecht.

Vorwort

Die Europäische Union hat den Futtermittelsektor schon frühzeitig mit Rechtsvorschriften begleitet. Diese Aufgabe war mühselig, denn es musste ein gemeinsamer Nenner für die historisch unterschiedlichen Interessen der Mitgliedstaaten in einem seinerzeit noch vom Einstimmigkeitsprinzip geprägten Rechtsetzungssystem gefunden werden.
Die »scheibchenweise« Entwicklung des EU-Futtermittelrechts bis hin zu der heutigen nahezu vollständigen Rechtsangleichung nahm fast zwei Jahrzehnte in Anspruch. Als Rechtsform gab es zunächst Richtlinien oder Entscheidungen, die jeweils an die Mitgliedstaaten gerichtet waren und in nationales Recht umgesetzt werden mussten.
Ende der 1990er Jahre hat die Europäische Union begonnen, das Futtermittelrecht auf Verordnungen umzustellen. Verordnungen sind unmittelbar an den Bürger der Gemeinschaft gerichtet und müssen deshalb nicht mehr in nationales Recht umgesetzt werden.
Die Neuordnung des EU-Futtermittelrechts wurde im April 2000 mit dem Weißbuch der Kommission zur Lebensmittelsicherheit eingeleitet. Wesentliche Zielsetzung ist dabei die Einbindung des Futtermittelsektors in die Vorschriften zur Gewährleistung der Lebensmittelsicherheit. Diese Zielsetzung wurde mit der Verordnung (EG) Nr. 178/2002 des Europäischen Parlaments und des Rates vom 28. Januar 2002 zur Festlegung der allgemeinen Grundsätze und Anforderungen des Lebensmittelrechts, zur Errichtung der Europäischen Behörde für Lebensmittelsicherheit und zur Festlegung von Verfahren zur Lebensmittelsicherheit umgesetzt. Zusätzlich gibt es im Futtermittelsektor zahlreiche spezielle und horizontale EU-Verordnungen sowie auch noch Richtlinienrecht.
Flankierende Regelungen zum EU-Recht sind in Deutschland das Lebensmittel- und Futtermittelgesetzbuch (LFGB) und die Futtermittelverordnung insbesondere mit Vorschriften für den Vollzug der futtermittelrechtlichen Vorschriften und zur Umsetzung von Richtlinienrecht.
Insgesamt ist das Futtermittelrecht durch die Neuordnung des EU-Rechts, vor allem durch das Nebeneinander horizontaler und spezieller Vorschriften als unmittelbar geltendes Verordnungsrecht, für den Anwender aber auch für die Vollzugsbehörden unübersichtlich geworden. Mit dem Wegweiser Futtermittelrecht soll deshalb allen privat oder auch beruflich Interessierten ein schneller Überblick über die Vorschriften ermöglicht und der Zugang zu den Vorschriften erleichtert werden.

Wachtberg/Meckenheim, März 2021 — Die Autoren

Inhalt

1 Einführung

Sowohl in der landwirtschaftlichen Nutztierhaltung als auch in der Haltung von Heim- und Hobbytieren sind Futtermittel die wesentliche Grundlage. In Deutschland sind Futtermittel für Nutztiere mit einem Wert von rund 15 Milliarden Euro beispielsweise das bedeutendste landwirtschaftliche Betriebsmittel.

Futtermittel beeinflussen die Qualität der Lebensmittel durch erwünschte Stoffe, wie zum Beispiel Aminosäuren, Fettsäuren, Vitamine, Mengen- und Spurenelemente, oder durch unerwünschte Stoffe, wie zum Beispiel bestimmte Pflanzeninhaltsstoffe, Schwermetalle, Umweltkontaminanten oder Mykotoxine.

Die Zusammenhänge zwischen Fütterung und Qualität der Lebensmittel sowie Gesundheit und Leistung der Tiere wurden schon im 19. Jahrhundert erkannt und führten schließlich zu gesetzlichen Regelungen im Rahmen des Öffentlichen Rechts.

Ziele futtermittelrechtlicher Regelungen sind

- Sicherstellung, dass die verwendeten Stoffe geeignet und sicher sind, einschließlich der von Tieren gewonnenen Erzeugnisse,
- Schutz der Tiergesundheit und des Tierwohls
- Schaffung der Rahmenbedingungen für Transparenz im Markt und gegenüber den Verbraucherinnen und Verbrauchern,
- Förderung der tierischen Erzeugung durch Futtermittel und
- Schutz der Umwelt vor dem Eintrag von Schadstoffen über Futtermittel.

Futtermittelrecht ist Öffentliches Recht

Die Einhaltung der futtermittelrechtlichen Vorschriften wird deshalb durch staatliche Institutionen überwacht. Meilensteine der Futtermittelgesetzgebung in Deutschland und in der Europäischen Union sind in der nachstehenden Übersicht skizziert.

Abb. 1-1: Die Futtermittelgesetzgebung dient vor allem der Sicherstellung der Unbedenklichkeit der vom Tier gewonnen Lebensmittel für die menschliche Gesundheit, dem Schutz von Tierwohl und Tiergesundheit sowie der Verhinderung einer Gefährdung des Naturhaushaltes.

Wichtige Etappen der Entwicklung des Futtermittelrechts in Deutschland und in der Europäischen Union

1889 Initiative des Königreichs Sachsen für eine futtermittelrechtliche Regelung im Deutschen Reich

Anlass waren Todesfälle bei Kälbern und Erkrankungen von Kindern nach dem Konsum von Milch von Kühen, deren Futter durch Beimengung gemahlener Kornrade verunreinigt war.

1920 Verordnung über Mischfutter vom 8. April 1920

Als Zwischenlösung gab es nach dem Ersten Weltkrieg zunächst eine Regelung über den Verkehr mit Mischfuttermitteln, weil auf diesem Gebiet erfahrungsgemäß seit jeher »*besondere Anstände*« zu beobachten seien. Mit der Verordnung wurde eine Genehmigungs- und Deklarationspflicht für Mischfuttermittel eingeführt.

1926 Futtermittelgesetz vom 22. Dezember 1926

Ziel des Gesetzes war es,

- den lauteren Handel mit Futtermitteln zu sichern,
- Gefahren für die Gesundheit von Tier und Mensch abzuwehren sowie
- die wirtschaftliche Förderung der Tierproduktion.

Durch das Gesetz wurden Futtermittel für Nutztiere und für Heimtiere erfasst.

Futtermittel im Sinne des Gesetzes waren »*organische oder mineralische Stoffe oder Mischungen solcher Stoffe, die der Verfütterung an Tiere dienen sollen*«.

Kennzeichnungselemente waren

- die Bezeichnung des Futtermittels nach der Natur des Stoffes,
- die Angabe der Gehalte an wertbestimmenden Inhaltsstoffen und
- bei Mischfuttermitteln zusätzlich die Angabe der Mischungsanteile in von Hundert-Sätzen.

Auch mit Qualitätsmängeln behaftete Futtermittel waren verkehrsfähig (Prinzip der Vertragsfreiheit). Allerdings musste der Veräußerer ausdrücklich auf einen etwaigen Mangel hinweisen, anderenfalls übernahm er die Gewähr für die handelsübliche Reinheit und Unverdorbenheit des Futtermittels.

1927 Verordnung zur Ausführung des Futtermittelgesetzes vom 21. Juli 1927

Die Verordnung enthielt ergänzende Bestimmungen über die Benennung der Futtermittel, die Angabe der Herkunft, die Angabe der verarbeiteten Rohstoffe bei Abfällen aus der Herstellung von Lebensmitteln, die Angabe der Art der Herstellung, die Angabe des Gehaltes an wertbestimmenden Inhaltsstoffen, Form und Art der Kennzeichnung sowie Spielräume für die Überprüfung der Richtigkeit von Angaben über wertbestimmende Inhaltsstoffe (sog. Toleranzen).

Verordnung über die Probeentnahme von Futtermitteln vom 21. Juli 1927

Die Verordnung regelte die Art der Probenahme, die Aufbewahrung der Proben, die Bescheinigung über die Probeentnahme sowie die Einsendung der Probe an die Untersuchungsstelle und die andere Vertragspartei.

1934 Zwangswirtschaft

Die futtermittelrechtlichen Vorschriften von 1926/27 galten formal bis zum 30. Juni 1976. Sie wurden allerdings bereits 1934 überlagert, als im Zusammenhang mit den staatlichen Maßnahmen zur Sicherstellung der Erzeugung eine »Wirtschaftliche Vereinigung« als Körperschaft des öffentlichen Rechts mit weitgehenden Lenkungs- und Überwachungsbefugnissen gegründet wurde. Wesentliche Lenkungselemente waren die Zulassungspflicht für die Herstellung aller Mischfuttermittel und die Vorgaben für die Herstellung von Mischfuttermitteln, die sogenannte Normentafel.

Im Zweiten Weltkrieg wurde die Futtermittelwirtschaft wie schon im Ersten Weltkrieg einer vollständigen staatlichen Lenkung unterworfen.

1949 Futtermittelanordnung
vom 21. Juni 1949

Nach dem Zweiten Weltkrieg wurde das Futtermittelgesetz durch die Anordnung über Futtermittel, Mischfuttermittel und Mischungen ergänzt. Wesentliches Ziel war die Förderung der tierischen Erzeugung zur Stärkung der Ernährungssicherung. Grundsatz in der Futtermittelanordnung war, dass Mischfuttermittel und Mischungen erst nach Eintragung in ein Futtermittelregister in den Verkehr gebracht werden durften.

1951 Neufassung der Futtermittelanordnung

Die Futtermittelanordnung wurde 1951 neu gefasst. Wichtige Neuerung war die Schaffung einer Stoffgruppe mit der Bezeichnung »*Organische oder anorganische Futtermittelbestandteile mit Sonderwirkung*«. Dies waren Stoffe, »*die in wechselnden, jedoch verhältnismäßig sehr kleinen Mengen in Futtermitteln in der Regel natürlich vorkommen, und die für den normalen Ablauf der Lebensvorgänge im Tierkörper notwendig sind*«. Die Zulassung dieser Stoffe, wie zum Beispiel Vitamine, Spurenelementverbindungen, aber auch Kokzidiostatika, erfolgte durch den Bundesminister nach Anhörung einer Gutachterkommission oder von Sachverständigen. Die Stoffgruppe mit der Bezeichnung »*Organische oder anorganische Futterbestandteile mit Sonderwirkung*« kann als Vorgänger der heutigen »Futtermittelzusatzstoffe« angesehen werden.

Die Verpflichtung zur Anmeldung aller Futtermittel, Mischfuttermittel und Mischungen vor dem Inverkehrbringen beim Bundesminister zur Eintragung in ein Register wurde erheblich ausgeweitet. Jede Änderung der Zusammensetzung eines Mischfuttermittels war dem Bundesminister schriftlich zu melden.

Die Mischfuttermittel mussten zudem den Anforderungen einer Normentafel zum Beispiel hinsichtlich der Rohstoffe oder der Höchst- und Mindestgehalte an wertbestimmenden Bestandteilen entsprechen. Abweichungen bedurften der Sondergenehmigung durch den Bundesminister.

1968	**Vorschaltgesetz**	Mit dem Instrument der Normentafel war die dynamische Entwicklung der Tierernährungswissenschaft und der Futtermittelwirtschaft in den 1960er Jahren allerdings nicht mehr zu bewältigen. Im September 1968 wurde daher das Gesetz zur Änderung futtermittelrechtlicher Vorschriften, sogenannte Vorschaltgesetz, erlassen. Damit wurde insbesondere die Mischfutterherstellung von vielen Zwängen befreit. Vor dem Inkrafttreten des Vorschaltgesetzes gab es 1967 mehr als 17 000 futtermittelrechtliche Verwaltungsakte. Nach der Neuregelung waren es im Jahr 1969 nur noch rund 600 Verwaltungsakte.
1975	**Futtermittelgesetz** vom 2. Juli 1975	1971 wurde vom Bundeslandwirtschaftsministerium eine Gesamtreform des Futtermittelrechts eingeleitet. Das Futtermittelgesetz vom 2. Juli 1975 war als Rahmengesetz konzipiert mit allgemeinen Regeln und Normen sowie Ermächtigungen für den Bundesminister, weitergehende Detailregelungen mit Zustimmung des Bundesrates durch Verordnung zu treffen. Dies ist mit • der Futtermittelverordnung von 1976 und • der Futtermittelprobenahme- und -Analyseverordnung von 1978 erfolgt.
1970	**Europäisches Futtermittelrecht und flankierendes nationales Recht**	Die Europäische Gemeinschaft hat den Futtermittelsektor schon frühzeitig mit Rechtsvorschriften begleitet. Rechtsinstrumente waren zunächst an die Mitgliedstaaten gerichtete Richtlinien oder Entscheidungen, die durch ständige Änderungen des Futtermittelgesetzes und der Futtermittelverordnung in nationales Recht umgesetzt werden mussten. Beispiele für EG-Richtlinien sind • Richtlinie 70/524/EWG über Zusatzstoffe in der Tierernährung, • Richtlinie 74/63/EWG über unerwünschte Stoffe in der Tierernährung, • Richtlinie 77/101/EWG über den Verkehr mit Einzelfuttermittel, • Richtlinie 79/373/EWG über den Verkehr mit Mischfuttermitteln.
2000	**Weißbuch der Europäischen Kommission zum Lebensmittelrecht**	Im April 2000 hat die Europäische Kommission ein Weißbuch mit einem neuen Konzept zur Lebensmittelsicherheit vorgelegt. Wesentlicher Ansatzpunkt ist dabei die Einbindung der Futtermittel in die Vorschriften zur Gewährleistung der Lebensmittelsicherheit.

2002	**Verordnung (EG) Nr. 178/2002 zum Allgemeinen Lebensmittelrecht**	Mit der sogenannten Lebensmittel-Basisverordnung wurden die Pflichten und die Verantwortung der Lebens- und Futtermittelunternehmer festgelegt. Die Instrumente sind ausgerichtet am Vorsorgeprinzip und der Sicherstellung der Rückverfolgbarkeit in der Kette. Das von der Europäischen Kommission eingerichtete und betriebene Schnellwarnsystem für Fälle einer ernsten gesundheitlichen Gefahr und die Schaffung der Europäischen Lebensmittelbehörde (EFSA) sind Teil des Konzeptes.
2005	**Lebensmittel- und Futtermittelgesetzbuch (LFGB)**	Flankierende Regelungen zur Lebensmittel-Basisverordnung wurden in Deutschland 2005 mit dem LFGB getroffen. Dabei wurden die Vorschriften des Futtermittelgesetzes weitgehend fortgeschrieben. Wesentliche Neuerung war die Ausdehnung des vorbeugenden Verbraucherschutzes auch auf den Futtermittelsektor. Die Lebensmittel-Basisverordnung wird im Futtermittelsektor durch zahlreiche EG-Verordnungen und Richtlinien untersetzt, so zum Beispiel durch • Verordnung (EG) Nr. 183/2005 mit Vorschriften für die Futtermittelhygiene, • Verordnung (EG) Nr. 767/2009 über das Inverkehrbingen und die Verwendung von Futtermitteln, • Verordnung (EG) Nr. 1831/2003 über Zusatzstoffe zur Verwendung in der Tierernährung, • Richtlinie 2002/32/EG über unerwünschte Stoffe in der Tierernährung, • Verordnung (EU) 2017/625 über amtliche Kontrollen und andere amtliche Tätigkeiten zur Gewährleistung des Lebens- und Futtermittelrechts und der Vorschriften über Tiergesundheit und Tierschutz, Pflanzengesundheit und Pflanzenschutzmittel. • Verordnung (EG) Nr. 152/2009 über Probenahmeverfahren und Analysemethoden, • Verordnung (EG) Nr. 1829/2003 über genetisch veränderte Lebens- und Futtermittel, • Verordnung (EG) Nr. 1830/2003 zur Rückverfolgbarkeit von Lebens- und Futtermitteln aus genetisch veränderten Organismen, • Verordnung (EG) Nr. 396/2005 über Höchstgehalte an Pestizidrückständen, • Verordnung (EG) Nr. 1069/2009 über tierische Nebenprodukte, • Verordnung (EU) Nr. 142/2011 zur Durchführung der Verordnung (EG) Nr. 1069/2009 • Verordnung (EG) Nr. 999/2001 mit Vorschriften zur Verhütung, Kontrolle und Tilgung bestimmter transmissibler spongiformer Enzephalopathien. • Verordnung (EU) 2019/4 über die Herstellung, das Inverkehrbringen und die Verwendung von Arzneifuttermitteln

Immer mehr rechtsverbindliche Vorschriften werden inzwischen direkt durch die Europäische Union (Europäische-Kommission, Rat der Europäischen Union und Europäisches Parlament) erlassen. Zum einen dient dies der Harmonisierung des Rechts an sich. Zum anderen soll damit sichergestellt werden, dass der gleiche, hohe Qualitäts- und Sicherheitsstandard für Futtermittel überall in der EU gilt, der freie Verkehr mit Futtermitteln und Rohwaren innerhalb der EU gewährleistet ist und im EU-Raum möglichst gleiche Wettbewerbsverhältnisse bestehen.

Allerdings sind die europäischen Rechtsvorschriften häufig schwer verständlich und nicht immer widerspruchsfrei. Gleichwohl gelten sie als Verordnungen unmittelbar und dürfen nicht in nationales Recht umgesetzt werden, auch nicht zum Zweck einer Klarstellung. Die Europäische Kommission und die Mitgliedstaaten haben zur Förderung einer einheitlichen Anwendung der Vorschriften in den Mitgliedstaaten zahlreiche Leitlinien und interpretierende Frage-Antwort-Papiere erarbeitet. Diese Interpretationshilfen sind jedoch nicht bindend. Sie verdeutlichen allerdings, dass das mit dem Instrument der EU-Verordnung angestrebte Ziel eines unmittelbar und zeitgleich in allen Mitgliedstaaten geltenden einheitlichen Rechtsrahmens nur eingeschränkt erreicht wird.

Ein besonderes Problem ergibt sich aus Fehlern bei der Übersetzung des in der Regel in englischer Sprache verfassten Ursprungstextes eines Rechtsaktes. Dies kann im Einzelfall zu Diskrepanzen bei der Anwendung der Vorschriften in den Mitgliedstaaten führen. Andererseits werden Anträge der Mitgliedstaaten auf Berichtigung von Texten häufig nur zögerlich und mit großem Zeitverzug von den Europäischen Institutionen aufgegriffen.

Reichsgesetzblatt

Teil I

1926	Ausgegeben zu Berlin, den 31. Dezember 1926	Nr. 69

Gesetz über den Verkehr mit Futtermitteln (Futtermittelgesetz). Vom 22. Dezember 1926.

Der Reichstag hat das folgende Gesetz beschlossen, das mit Zustimmung des Reichsrats hiermit verkündet wird:

§ 1

Futtermittel im Sinne dieses Gesetzes sind organische oder mineralische Stoffe oder Mischungen solcher Stoffe, die der Verfütterung an Tiere dienen sollen. Ausgenommen sind Stoffe, die überwiegend zur Beseitigung oder Linderung von Krankheiten dienen.

Die Vorschriften des Gesetzes finden keine Anwendung auf Futtermittel, die nach dem Ausland ausgeführt werden oder sich auf der Durchfuhr befinden.

§ 2

Wer Futtermittel, die bisher nicht im Verkehre waren, in den Verkehr bringen will, hat sie beim Reichsministerium für Ernährung und Landwirtschaft oder bei einer von ihm bestimmten Stelle zur Eintragung in ein Register schriftlich anzumelden.

Die Anmeldung muß enthalten

1. die Benennung (§ 3), unter der das angemeldete Futtermittel in den Verkehr gebracht werden soll,
2. den Gehalt an wertbestimmenden Bestandteilen,
3. die Art der Herstellung.

Bei Mischungen sind außerdem anzugeben

1. die Gemengteile,
2. das Mischungsverhältnis der Gemengteile in Hundertsätzen.

Der Anmeldung ist eine Gesamtanalyse einer deutschen staatlichen oder unter öffentlicher Aufsicht stehenden Kontroll- (Versuchs-) Station oder eines deutschen vereidigten Handelschemikers in Urschrift oder in öffentlich beglaubigter Abschrift beizufügen.

§ 3

Wer Futtermittel feilhält, anbietet, veräußert oder sonst in den Verkehr bringt, hat sie ihrer Natur entsprechend zu benennen. Zur Benennung gehört auch die Angabe der Herkunft, der verarbeiteten Rohstoffe und der Art der Herstellung, soweit dies auf Grund des § 11 Abs. 2 Nr. 1 vorgeschrieben wird.

Mischungen, die überwiegend oder ganz aus mineralischen Stoffen bestehen, müssen außerdem als „Mischungen", andere Mischungen als „Mischfutter" bezeichnet werden.

§ 4

Bei Veräußerung von Futtermitteln in Mengen von 50 Kilogramm und mehr hat der Veräußerer dem Erwerber schriftlich anzugeben

1. die Benennung der Futtermittel nach Maßgabe des § 3,
2. den Gehalt an wertbestimmenden Bestandteilen.

Die schriftliche Angabe (Abs. 1) kann unterbleiben bei den Futtermitteln, die im anliegenden Verzeichnis aufgeführt sind.

Bei Mischungen sind auch die Gemengteile und das Mischungsverhältnis der Gemengteile in Hundertsätzen nach Maßgabe des § 3 schriftlich anzugeben.

§ 5

Werden bei Veräußerung von Futtermitteln in Mengen von weniger als 50 Kilogramm

1. Futtermittel in Verpackungen geliefert, so muß an diesen äußerlich eine Kennzeichnung angebracht sein, die die nach § 4 erforderlichen Angaben enthält,
2. Futtermittel lose geliefert und besichtigt der Erwerber die Futtermittel oder Proben von ihnen vor dem Erwerbe, so ist der Veräußerer zu der nach § 4 vorgeschriebenen schriftlichen Angabe nur auf Verlangen des Erwerbers verpflichtet.

§ 6

Macht der Veräußerer bei der Veräußerung von Futtermitteln keine Angaben über die Beschaffenheit, so übernimmt er damit die Gewähr für die handelsübliche Reinheit und Unverdorbenheit.

§ 7

Wünscht der Erwerber oder der Veräußerer von Futtermitteln ihre Untersuchung auf Gehalt, Reinheit oder Unverdorbenheit, so hat der Erwerber hierfür die Untersuchungsstelle zu bestimmen. Ergibt die von dieser ausgeführte Untersuchung einen anderen Gehalt als zugesichert war, oder besteht Streit über die Rein-

Inter Tag nach Ablauf des Ausgabetags: 14. Januar 1927)

Rgbl. 1926 I

154

Abb. 1-2: Reichsgesetzblatt (RGBl) I Nr. 69 vom 31. Dezember 1926, S. 525

2 Pflichten der Futtermittelunternehmer

Die Pflichten der Futtermittelunternehmer sind in der Verordnung (EG) Nr. 178/2002 geregelt.

In der **Verordnung (EG) Nr. 178/2002 des Europäischen Parlaments und des Rates vom 28. Januar 2002 zur Festlegung der allgemeinen Grundsätze und Anforderungen des Lebensmittelrechts, zur Errichtung der Europäischen Behörde für Lebensmittelsicherheit und zur Festlegung von Verfahren zur Lebensmittelsicherheit** sind Vorschriften für die Sicherheit von Lebensmitteln und Futtermitteln verankert. Sie regelt die Pflichten der Lebensmittel- und Futtermittelunternehmer, schafft einen Rahmen für die amtliche Überwachung und das Risiko- und Krisenmanagement auf europäischer Ebene. Mit der Verordnung wird die Europäische Behörde für Lebensmittelsicherheit (EFSA) als unabhängige Einrichtung für die wissenschaftliche Risikobewertung geschaffen.
Die Verordnung wird wegen der grundlegenden Bedeutung der Vorschriften auch »Lebensmittel-Basisverordnung« genannt. Die Verordnung ist auf die Gewährleistung der Sicherheit und Qualität von Lebensmitteln und Futtermitteln, die zur Verfütterung an der Lebensmittelgewinnung dienende Tiere bestimmt sind, ausgerichtet. Gleichzeitig werden Voraussetzungen für den freien Verkehr mit sicheren Lebensmitteln und Futtermitteln auf dem europäischen Binnenmarkt geschaffen. Mit der Verordnung sollen die Verbraucherinnen und Verbraucher auch vor Praktiken des Betrugs oder der Täuschung geschützt werden.

Diese Verordnung ist ein Eckpfeiler der europäischen Rechtsvorschriften im Bereich der Lebensmittelsicherheit. Mit dem Konzept »vom Erzeuger zum Verbraucher« (from farm to fork) ist sie darauf ausgerichtet, auf der Grundlage wissenschaftlicher Erkenntnisse in der gesamten Lebensmittelkette ein hohes Maß an Sicherheit zu gewährleisten. Erfasst sind auch die Bereiche der Tierernährung, die Tiere, die der Lebensmittelgewinnung dienen, betreffen, – darunter die Primärproduktion von Futtermitteln, die Fütterung der Tiere und die Herstellung von Futtermitteln.

Als Reaktion auf die zahlreichen Krisen im Lebensmittelsektor, die auf Futtermittel zurückzuführen oder bei denen Futtermittel beteiligt waren (z. B. BSE, Dioxine, Hormone, Antibiotika) hat die Europäische Union mit der Verordnung (EG) Nr. 178/2002 ein Rechtsinstrument geschaffen, das auf die Sicherheit aller Arten von Futtermitteln für **Tiere, die der Lebensmittelgewinnung dienen**, ausgerichtet ist, und die Futtermittelunternehmen verpflichtet, ihre Verantwortung für die Sicherheit der Futtermittel wahrzunehmen und die Rückverfolgbarkeit von Futtermitteln zu gewährleisten.

Mit der Verordnung (EG) Nr. 767/2009 wurden diese Verpflichtungen auch auf Futtermittel für **andere Tiere** als Tiere zur Lebensmittelgewinnung ausgedehnt.

Wer ist ein Futtermittelunternehmer?

Futtermittelunternehmer sind alle Unternehmer, die an der Erzeugung, Herstellung, Verarbeitung, Lagerung, Beförderung oder dem Vertrieb von Futtermitteln beteiligt sind, einschließlich Tierhalter, die Futtermittel zur Verfütterung in ihrem eigenen Betrieb erzeugen, verarbeiten oder lagern.
Zu den Futtermittelunternehmern gehören unter anderem:

- **Landwirte**, die Futtermittel erzeugen und in den Verkehr bringen oder im eigenen Betrieb verwenden,
- **Lebensmittelbetriebe**, die Nebenerzeugnisse oder Reste aus der Lebensmittelherstellung als Futtermittel abgeben (z. B. Getreidemühlen, Ölmühlen, Molkereien, Schlachthöfe, Fischverarbeiter, Bäckereien, Gemüse- oder Obstverarbeiter),
- **Futtermittelhersteller**, die Einzelfuttermittel, Mischfuttermittel, Zusatzstoffe oder Vormischungen herstellen oder in den Verkehr bringen,
- **Futtermittelhändler**, einschließlich Importeure und Händler, die selbst über keine Lager- oder Transporteinrichtungen verfügen, sowie Supermärkte, die Futtermittel für Lebensmitteltiere (z. B. Pferde, Kaninchen, Geflügel) verkaufen,

Abb. 2-1: Futtermittelkette

- **Lagerhalter und Transporteure**, die Futtermittel lagern oder transportieren, unabhängig davon, ob sie Eigentümer der Waren sind,
- **Tierärzte und Apotheker**, sofern sie Futtermittel verkaufen.

Kern der Regelung ist die Festlegung, dass Lebensmittel, die **nicht sicher** oder für den **Verzehr durch den Menschen ungeeignet** sind, nicht in den Verkehr gebracht werden dürfen. Bei der Prüfung, ob ein Lebensmittel sicher ist, sind folgende Aspekte zu berücksichtigen:

- die normalen Bedingungen seiner Verwendung,
- die dem Verbraucher übermittelten Informationen,
- die wahrscheinlichen sofortigen oder späteren Auswirkungen auf die Gesundheit,
- die akuten und kumulativen toxischen Wirkungen,
- die besondere gesundheitliche Empfindlichkeit bestimmter Verbrauchergruppen.

Die Anforderungen an die Sicherheit von Lebensmitteln haben auch Bedeutung für den Futtermittelsektor, denn Futtermittel, deren Verwendung zu nicht sicheren Lebensmitteln führen kann, sind als nicht sicher anzusehen und dürfen nicht in den Verkehr gebracht oder an der Lebensmittelgewinnung dienende Tiere verfüttert werden.

Futtermittel
»Stoffe oder Erzeugnisse, auch Zusatzstoffe, verarbeitet, teilweise verarbeitet oder unverarbeitet, die zur oralen Tierfütterung bestimmt sind.«[1]

Der Begriff »Futtermittel« ist sehr weit gefasst und bezieht alle Stoffe und Erzeugnisse ein, die zur oralen Tierfütterung vorgesehen sind, und schließt auch Zusatzstoffe und Vormischungen ein.

Die Bezeichnung »Futtermittel« wird schließlich durch den Begriff »orale Fütterung« konkretisiert. Damit wird klargestellt, dass Futtermittel »oral« durch das Maul oder den Schnabel aufgenommen werden müssen und die Tierfütterung dazu dient, den Nahrungsbedarf der Tiere zu decken und die Produktivität und Leistungsfähigkeit von normal gesunden Tieren aufrecht zu erhalten.

Orale Tierfütterung
»Die Aufnahme von Futtermitteln in den tierischen Verdauungstrakt durch das Maul bzw. den Schnabel, um den Nahrungsbedarf der Tiere zu decken oder die Produktivität von normal gesunden Tieren aufrechtzuerhalten.«[2]

Wofür ist der Futtermittelunternehmer verantwortlich?

Futtermittelunternehmer sind in ihrem Betrieb verantwortlich für

- die **Futtermittelsicherheit**,
- die **Registrierung** und ggf. **Zulassung für bestimmte Tätigkeiten**,

[1] *Artikel 3 Nr. 4 Verordnung (EG) Nr. 178/2002*
[2] *Artikel 3 Absatz 2 Buchstabe b der Verordnung (EG) Nr. 767/2009*

- die Einhaltung der Hygieneanforderungen einschließlich ggf. die Einrichtung eines **HACCP-Systems**,
- die **Rückverfolgbarkeit von Futtermitteln** und
- die Einhaltung der **Meldepflichten** und ggf. Rückruf nicht sicherer Futtermittel.

Futtermittelsicherheit

Futtermittelunternehmer dürfen keine nicht sicheren Futtermittel in den Verkehr bringen.

Ein Futtermittel muss insbesondere dann als nicht sicher betrachtet werden, wenn

- für unerwünschte Stoffe, Pestizide oder Futtermittelzusatzstoffe festgelegte Höchstgehalte überschritten oder verbotene Stoffe enthalten sind und
- eine Risikobewertung – unter Berücksichtigung der sachgerechten und bestimmungsgemäßen Verwendung – ergeben hat, dass die Tiergesundheit, die Lebensmittelsicherheit, die Produktivität der Tiere oder die Umwelt nachteilig beeinflusst werden kann.

Futtermittelunternehmer
»Eine natürliche oder juristische Person, die dafür verantwortlich ist, dass den Anforderungen der ... Verordnung [(EG) Nr. 178/2002] in dem ihrer Kontrolle unterstehenden Futtermittelunternehmen entsprochen wird.«[1]

Gehört ein als nicht sicher erkanntes Futtermittel zu einer Charge, einem Posten oder einer Lieferung von Futtermitteln, so ist bis zum Nachweis des Gegenteils davon auszugehen, dass sämtliche Futtermittel in dieser Charge ebenfalls nicht sicher sind.

Verantwortung

Futtermittelunternehmer sind für die Sicherheit der Futtermittel, die sie erzeugen, befördern, lagern oder verkaufen, verantwortlich.

Die Futtermittelunternehmer haften für jeden Verstoß gegen die geltenden Rechtsvorschriften im Bereich der Futtermittelsicherheit. Gemäß § 24 LFGB übernehmen Futtermittelunternehmer die Gewähr dafür, dass die von ihnen in den Verkehr gebrachten Futtermittel unverdorben, echt, unverfälscht, zweckgeeignet und von handelsüblicher Beschaffenheit sind. Futtermittel entsprechen diesen Kriterien insbesondere dann nicht, wenn

Futtermittelunternehmen
»Alle Unternehmen, gleichgültig, ob sie auf Gewinnerzielung ausgerichtet sind oder nicht und ob sie öffentlich oder privat sind, die an der Erzeugung, Herstellung, Verarbeitung, Lagerung, Beförderung oder dem Vertrieb von Futtermitteln beteiligt sind, einschließlich Erzeuger, die Futtermittel zur Verfütterung in ihrem eigenen Betrieb erzeugen, verarbeiten oder lagern.«[2]

---

[1] *Artikel 3 Nr. 3 der Verordnung (EG) Nr. 178/2002*
[2] *Artikel 3 Nr. 5 der Verordnung (EG) Nr. 178/2002*

der Gehalt an unerwünschten Stoffen über den gesetzlich festgelegten Höchstgehalten liegt. Ob ein Futtermittel verdorben ist, kann anhand einer mikrobiologischen Untersuchung beurteilt werden.

▶ **Weitere Informationen**
Verfahrensanweisung zur mikrobiologischen Qualitätsbeurteilung: verfügbar im VDLUFA-Methodenbuch, Band III, 8. Ergänzungslieferung, Verlag des Verbandes Deutscher Landwirtschaftlicher Untersuchungs- und Forschungsanstalten

Prävention

Futtermittelunternehmer identifizieren und überprüfen regelmäßig die kritischen Punkte ihres Produktionsverfahrens oder bei ihrem Umgang mit Futtermitteln und stellen sicher, dass an diesen Punkten Kontrollen durchgeführt werden.

Die Futtermittelunternehmer (außer Landwirte) müssen zu diesem Zweck ein schriftliches Verfahren einrichten, durchführen und aufrechterhalten, das auf den HACCP-Grundsätzen (Hazard Analysis and Critical Control Points) beruht, um ein hohes Niveau der Futtermittelsicherheit im Rahmen der betrieblichen Eigenkontrolle zu gewährleisten.

Was ist ein HACCP-System?

Ein HACCP-System

- ist Bestandteil der **Eigenkontrolle** eines Betriebes, die Umsetzung liegt in der Verantwortung des Betriebsinhabers,
- baut auf einem bereits eingerichteten **allgemeinen Hygienekonzept** auf,
- dient zur **Abwehr von Gefahren**, die spezifisch zu identifizieren, zu bewerten, kontinuierlich zu erfassen und zu beherrschen sind, und
- wird durch folgende **Verfahrensschritte** eingerichtet:
  - Gefahrenermittlung und -bewertung,
  - Festlegung der kritischen Kontrollpunkte (Critical Control Points) und der Maßnahmen zu ihrer Beherrschung,
  - Verifizierung und Dokumentation des Systems.

Rückverfolgbarkeit

Die Rückverfolgbarkeit von Futtermitteln ist auf allen Produktions-, Verarbeitungs- und Vertriebsstufen sicherzustellen. Futtermittelunternehmer müssen folglich in der Lage sein, jede Person zu identifizieren, von der sie ein Futtermittel oder einen Stoff erhalten haben, der dazu bestimmt oder geeignet ist, in einem Futtermittel verarbeitet zu werden.

Die Rückverfolgbarkeit eines Futtermittels muss jeweils »einen Schritt vor und einen Schritt zu-

Rückverfolgbarkeit
»Die Möglichkeit, ein Lebensmittel oder Futtermittel, ein der Lebensmittelgewinnung dienendes Tier oder einen Stoff, der dazu bestimmt ist oder von dem erwartet werden kann, dass er in einem Lebensmittel oder Futtermittel verarbeitet wird, durch alle Produktions-, Verarbeitungs- und Vertriebsstufen zu verfolgen.«[1]

[1] *Artikel 3 Nr. 15 der Verordnung (EG) Nr. 178/2002*

Abb. 2-2: Ein Beispiel für Rückverfolgbarkeit im Agrarhandel – die Qualitäten aller Getreideanlieferungen werden mit der Probenahme erfasst. Neben dem Untersuchungsmuster wird ein Rückstellmuster gebildet und mit einem Barcode-Etikett beschriftet. Mit diesem Etikett kann das Rückstellmuster eindeutig identifiziert werden. Durch Einlesen des Barcodes wird der komplette Lieferschein nachträglich wieder aufgerufen.

rück« gesichert werden. Konkret muss demzufolge dokumentiert werden, von wem ein Stoff bezogen und an wen ein Stoff geliefert wurde. Dazu dienen:

- Buchführung über alle Ein- und Ausgänge,
- Rückstellproben von Ein-/Ausgängen,
- Kennzeichnung der Ein-/Ausgänge.

▶ Weitere Informationen
Leitfaden zur Rückverfolgbarkeit

www.bvl.bund.de

Futtermittel, die in den Verkehr gebracht oder zur Abgabe vorrätig gehalten werden, sind ausreichend zu kennzeichnen oder kenntlich zu machen, um ihre Rückverfolgbarkeit zu gewährleisten.

Transparenz: Meldepflicht

Futtermittelunternehmer unterrichten unverzüglich die zuständigen Behörden, wenn sie Grund zu der Annahme haben, dass ihre Futtermittel nicht sicher sind.

Sofortmaßnahmen: Meldepflicht und Rückruf

Stellt ein Futtermittelunternehmer fest, dass ein Futtermittel den Anforderungen an die Futtermittelsicherheit nicht entspricht, leitet er unverzüglich ein Verfahren ein, um das betreffende Produkt vom Markt zu nehmen. Er unterrichtet umgehend die Lieferanten und Kunden sowie die zuständigen Behörden.

Futtermittelunternehmer müssen unverzüglich

- alle Unternehmer, die sie mit dem verdächtigen Futtermittel beliefert oder von denen sie verdächtige Futtermittel bezogen haben, unterrichten,
- die betroffenen Futtermittel zurückrufen oder
- andere geeignete Maßnahmen ergreifen,

um die weitere Verbreitung oder Verwendung nicht sicherer Futtermittel zu verhindern.

Wann und was muss ein Futtermittelunternehmer melden?

Ein Futtermittelunternehmer muss seiner Mitteilungspflicht gegenüber der zuständigen Behörde nachkommen, **sobald eine Gefahr erkannt** wird. Mitzuteilen sind:

- Art des Futtermittels (Bezeichnung, Zusammensetzung),
- Chargennummer und gegebenenfalls Herstellungsdatum und/oder Mindesthaltbarkeitsdatum,
- Art und Umfang des Risikos (z. B. Art und Gehalt an einem unerwünschten Stoff, Analysezertifikate),
- Ursache für die entstandene Gefährdung (z. B. Kontaminationsursache),
- Name und Adresse der Unternehmen, an die das Futtermittel geliefert wurde,
- Name und Adresse des Unternehmens, von dem das Futtermittel oder Futtermittelbestandteile bezogen wurden,
- eingeleitete Maßnahmen (z. B. Benachrichtigung der Lieferanten und Kunden, Rückruf, Ursachenermittlung) und
- jede weitere sachdienliche Information (z. B. Informationen zum Gefahrenpotenzial).

Abb. 2-3: Die Registrierung und Zulassung aller Futtermittelunternehmen durch die zuständige Behörde dient dazu, die Rückverfolgbarkeit vom Hersteller bis zum Endverbraucher zu gewährleisten und die wirksame Durchführung amtlicher Kontrollen zu erleichtern.

Zusammenarbeit

Die Futtermittelunternehmer arbeiten bei Maßnahmen, die der Identifizierung und Verringerung von Risiken dienen, mit den zuständigen Behörden zusammen. Zu diesem Zweck kann die zuständige Behörde Auflagen erteilen, z. B. Analysezertifikate oder Gutachten anfordern.

Futtermittelunternehmer müssen
- die Behörden über die von ihnen ergriffenen Maßnahmen unterrichten,
- die von den Behörden angewiesenen Maßnahmen befolgen und
- Maßnahmen ergreifen, um die Ursachen von Risiken aufzuklären, zu beseitigen oder soweit wie möglich zu verringern.

► **Weitere Informationen**
Anschriften der für die Futtermittelüberwachung zuständigen obersten Landesbehörden:

www.bmel.de

Registrierungs- und Zulassungspflicht

Futtermittelunternehmen müssen grundsätzlich von der Behörde registriert oder in bestimmten Fällen zugelassen sein. Im Rahmen der Registrierung müssen die Futtermittelunternehmer – auch im Bereich der Primärproduktion – der für den Sitz ihres Unternehmens zuständigen Behörde folgendes mitteilen:
- alle Betriebe und Anlagen, die unter ihrer Kontrolle stehen,
- die Art der futtermittelrechtlich relevanten Tätigkeiten sowie
- alle Veränderungen hinsichtlich der Betriebe und Anlagen oder der Tätigkeiten.

Die Registrierung erfolgt grundsätzlich ohne vorherige Kontrolle des Betriebes.

Im Falle, dass das Unternehmen mit bestimmten Stoffen umgeht oder bestimmte Tätigkeiten ausübt (s. Übersicht in Tab. 2-1), kann überdies eine Zulassung durch die zuständige Behörde erforderlich sein, bevor das betreffende Unternehmen seinen Betrieb aufnehmen darf. Vor der Zulassung muss die Behörde eine Vor-Ort-Kontrolle des Betriebes durchführen.

Die zuständige Behörde führt ein oder mehrere Register der zugelassenen Betriebe. Wenn ein Betrieb den geltenden Bestimmungen nicht mehr entspricht, wird die Zulassung ausgesetzt oder entzogen.

► **Weitere Informationen**
Verzeichnis der Futtermittelbetriebe

www.bvl.bund.de

? Wofür muss ein Unternehmen zugelassen sein?

Tab. 2-1: Übersicht über die Tätigkeiten, für die eine Zulassung erforderlich ist

Tätigkeit	Rechtsgrundlage	Bemerkungen
Zulassungen auf EU-Rechtsgrundlage		
Herstellung und/oder Inverkehrbringen von **Futtermittelzusatzstoffen** – Ernährungsphysiologische Zusatzstoffe – Zootechnische Zusatzstoffe – Antioxidationsmittel mit festgelegtem Höchstgehalt – Carotinoide und Xanthophylle – Kokzidiostatika und Histomonostatika	Artikel 10 i. V. m. Anhang IV Kapitel I der Verordnung (EG) Nr. 183/2005 und Verordnung (EG) Nr. 141/2007)	Die Zulassungspflicht betrifft nur Betriebe mit Sitz in der EU; für die Einfuhr gelten die Regelungen für Drittlandsvertreter.
Herstellung und/oder Inverkehrbringen von **Vormischungen** mit – Vitamin A und D – Kupfer und Selen – sonstigen zootechnischen Zusatzstoffen (ehemals Wachstumsförderer) – Kokzidiostatika und Histomonostatika	Artikel 10 i. V. m. Anhang IV Kapitel II der Verordnung (EG) Nr. 183/2005	Eine Zulassung ist auch erforderlich, wenn die Vormischung zur Verwendung im eigenen Betrieb hergestellt wird. Die Zulassungspflicht betrifft nur Betriebe mit Sitz in der EU; für die Einfuhr gelten die Regelungen für Drittlandsvertreter.
Herstellung und/oder Inverkehrbringen von **Mischfuttermitteln** mit – sonstigen zootechnischen Zusatzstoffen (ehemals Wachstumsförderer) – Kokzidiostatika und Histomonostatika	Artikel 10 i. V. m. Anhang IV Kapitel III der Verordnung (EG) Nr. 183/2005	Eine Zulassung ist auch erforderlich, wenn die Mischfuttermittel zur Verwendung im eigenen Betrieb hergestellt werden. Die Zulassungspflicht betrifft nur Betriebe mit Sitz in der EU; für die Einfuhr gelten die Regelungen für Drittlandsvertreter.
Herstellung und/oder Inverkehrbringen von Futtermitteln für besondere Ernährungszwecke (**Diätfuttermitteln**) bei denen der Gehalt an folgenden Zusatzstoffen das Einhundertfache des jeweils für Alleinfuttermittel festgelegten Höchstgehalts überschreitet: – Vitamin A und D – Kupfer und Selen – sonstigen zootechnischen Zusatzstoffen (ehemalige Wachstumsförderer) – Kokzidiostatika und Histomonostatika	Artikel 8 Absatz 2 i. V. m. Artikel 10 der Verordnung (EG) Nr. 183/2005	Eine Zulassung ist auch erforderlich, wenn das Diätfuttermittel zur Verwendung im eigenen Betrieb hergestellt wird. Die Zulassungspflicht betrifft nur Betriebe mit Sitz in der EU; für die Einfuhr gelten die Regelungen für Drittlandsvertreter
Betriebe, die Futtermittel **entgiften**, deren Gehalt an unerwünschten Stoffen den Höchstgehalt in Anhang I der Richtlinie 2002/32/EG überschreitet.	Artikel 6 Absatz 1 Verordnung (EU) 2015/786.	Die Zulassung erfolgt gemäß Artikel 10 Absatz 3 der Verordnung (EG) Nr. 183/2005. Die Zulassung ist an den Nachweis der Sicherheit und Wirksamkeit des Dekontaminations-verfahrens gebunden.

Tätigkeit	Rechtsgrundlage	Bemerkungen
Betriebe (Futtermittelunternehmen ausgenommen Futtermittelprimärproduktion), die – rohe **pflanzliche Öle** verarbeiten (ausgenommen Betriebe, die in den Geltungsbereich der Verordnung (EG) Nr. 852/2004 (Lebensmittelbetriebe) fallen, – **Fettsäuren** oleochemisch herstellen, – **Biodiesel** herstellen, – **Fette** mischen.	Artikel 10 Absatz 3 i.V.m Artikel 5 Absatz 2 und Anhang II Teil Einrichtung und Ausrüstungen Nr. 10 der Verordnung (EG) Nr. 183/2005	Diese Zulassungspflicht wurde mit der Verordnung (EU) Nr. 225/2012 eingeführt.
Betriebe oder Anlagen, die – **Heimtierfutter** herstellen, – tierische Nebenprodukte lagern, – Folgeprodukte lagern, die als Futtermittel verwendet werden sollen.	Artikel 24 Abs. 1 der Verordnung (EG) Nr. 1069/2009	Ausnahme: Bereits nach Verordnung (EG) Nr.183/2005 zugelassene oder registrierte Betriebe. Siehe hierzu auch Art. 18, 19 und 20 der Verordnung (EU) Nr. 142/2011 mit Detailvorschriften zu den Anforderungen und Art. 33 zu der Wiederzulassung nach einer Befristung der Zulassung.
Herstellung von Mischfuttermitteln für Wiederkäuer in Betrieben, die Mischfuttermittel mit Verwendung **tierischer Proteine** für andere Nutztiere herstellen.	Anhang IV der Verordnung (EG) Nr. 999/2001 (Kap. III Abschnitt B Nr. 2)	Die betrieblichen Bedingungen und die Verwendung bestimmter tierischer Proteine, die die Zulassungspflicht auslösen, werden sehr detailliert in den zitierten Textpassagen beschrieben.
Verwendung und Lagerung von Mischfuttermitteln mit bestimmten **tierischen Proteinen in landwirtschaftlichen Betrieben,** die auch Nutztierarten halten, für die solche Futtermittel nicht zulässig sind.	Anhang IV der Verordnung (EG) Nr. 999/2001 (Kap. III Abschnitt D Nr. 2)	
Herstellung von Mischfuttermitteln mit **verarbeitetem tierischem Protein** für die Fütterung von Tieren in **Aquakultur, die auch Mischfuttermittel für andere Nutztiere herstellen.**	Anhang IV der Verordnung (EG) Nr. 999/2001 (Kap. IV Abschnitt D Buchstabe d)	
Herstellung von Milchaustauschfuttermitteln unter Verwendung von **Fischmehl** in Betrieben, die auch andere Mischfuttermittel für Wiederkäuer oder Nichtwiederkäuer herstellen.	Anhang IV der Verordnung (EG) Nr. 999/2001 (Kap. IV Abschnitt E Buchstabe d)	
Herstellung von Mischfuttermitteln, die **verarbeitete tierische Proteine aus Nutzinsekten** enthalten, für Tiere in der **Aquakultur**.	Anhang IV der Verordnung (EG) Nr. 999/2001 (Kap. IV Abschnitt F Buchstabe b)	
Betriebe, die Grünfutter, Lebensmittel oder Lebensmittelreste zum Zweck der Herstellung von Futtermitteln unter direkter Einwirkung der Verbrennungsgase trocknen.	§ 17 Abs.2 i. V. m. § 18 Abs.2 FMV	Die Zulassung ist mit Anforderungen an den Betrieb der Trocknungsanlage und die Dokumentation verbunden.

Tätigkeit	Rechtsgrundlage	Bemerkungen
Betriebe, die aus **Fetten/Ölen** pflanzlichen oder tierischen Ursprungs oder Fettsäuren pflanzlichen oder tierischen Ursprungs hergestellte Fette, Öle, Fettsäuren, mit Glycerin veresterte Fettsäuren, Mono- und Diglyceride von Fettsäuren oder Salze von Fettsäuren als Einzelfuttermittel in den Verkehr bringen, die sie nicht selbst hergestellt haben.	§ 17 Abs.3 i. V. m. § 18 Abs. 3 FMV	Die Zulassung ist mit besonderen Dokumentationspflichten verbunden.
Vertreter eines Herstellers in einem Drittland, der folgende Zusatzstoffe, Vormischungen oder Mischfuttermittel herstellt und in die EU einführen will: **Zusatzstoffe**, – Spurenelementverbindungen, – Vitamine, – Enzyme, – Mikroorganismen, – Antioxidationsmittel mit festgelegtem Höchstgehalt, – Carotinoide und Xanthophylle, – Kokzidiostatika und Histomonostatika. Vormischungen mit – Vitamin A und D, – Kupfer- und Selenverbindungen, – Kokzidiostatika und Histomonostatika. Mischfuttermittel mit – Kokzidiostatika und Histomonostatika.	§ 17 Abs.4 i. V. m. § 18 Abs.4 FMV	Die Zulassung ist mit besonderen Verpflichtungen hinsichtlich der Gewährleistung der EU-Anforderungen an den Herstellerbetrieb im Drittland und mit besonderen Dokumentationspflichten verbunden. ▶ **Weitere Informationen** Leitfaden zur Registrierung www.bvl.bund.de

3 Anforderungen an Futtermittelunternehmen

Die Anforderungen an Futtermittelunternehmen und die Verfahren für die Registrierung und Zulassung von Futtermittelunternehmen sind in der Verordnung (EG) Nr. 183/2005 (Futtermittelhygieneverordnung) geregelt.

Durch **Verordnung (EG) Nr. 183/2005 des Europäischen Parlaments und des Rates vom 12. Januar 2005 mit Vorschriften für die Futtermittelhygiene** werden die Bestimmungen der Lebensmittel-Basisverordnung für die Gewährleistung der Futtermittelsicherheit konkretisiert und die Anforderungen an Futtermittelunternehmen auf allen Stufen der Produktion, der Verarbeitung, des Vertriebs und der Verwendung eines Futtermittels festgelegt. Diese Regelungen gelten auch für die Futtermittelprimärproduktion.
Insbesondere werden mit dieser Verordnung Vorschriften für die Hygiene und die Rückverfolgbarkeit von Futtermitteln sowie Pflichten im Zusammenhang mit der Registrierung und Zulassung der Betriebe festgelegt. Durch die Maßnahmen zur Sicherung der Unbedenklichkeit und Qualität der Futtermittel soll ein hohes Maß an Schutz für die Gesundheit von Mensch und Tier gewährleistet werden.

Anwendungsbereich

Die Futtermittelhygieneverordnung gilt für alle Tätigkeiten von Futtermittelunternehmern einschließlich solcher der Futtermittelprimärproduktion – im allgemeinen Landwirte – von der Herstellung bis zum Inverkehrbringen von Futtermitteln einschließlich der Einfuhr von Futtermitteln aus Drittländern. Erfasst ist auch die Fütterung von der Lebensmittelgewinnung dienenden Tieren.

Ausgenommen vom Geltungsbereich der Futtermittelhygieneverordnung sind:

- die private Erzeugung von Futtermitteln zur Verfütterung an zur Lebensmittelgewinnung zum privaten Eigenverbrauch bestimmte Tiere,
- die private Erzeugung von Futtermitteln zur Verfütterung an Tiere, die nicht für die Lebensmittelgewinnung bestimmt sind,
- die Fütterung von zur Lebensmittelgewinnung zum privaten Eigenverbrauch bestimmten Tieren oder im Zusammenhang mit bestimmten Tätigkeiten nach der Lebensmittelhygiene-Verordnung (sog. Kleinmengenregelung beim Direktabsatz von Lebensmitteln an Endverbraucher),
- die Fütterung von Tieren, die nicht zur Lebensmittelgewinnung bestimmt sind,
- die Direktbelieferung landwirtschaftlicher Betriebe mit Futtermittelprimärerzeugnissen in kleinen Mengen, die im eigenen Betrieb

verwendet werden, durch einen anderen landwirtschaftlichen Betrieb auf örtlicher Ebene,
- der Einzelhandel mit Heimtierfuttermitteln.

Zur Unterstützung der einheitlichen Durchführung der Bestimmungen in den Mitgliedstaaten hat die Europäische Kommission einen *Leitfaden zur Durchführung einiger Bestimmungen der Verordnung (EG) Nr. 183/2005 mit Vorschriften für die Futtermittelhygiene* [1] als Orientierungshilfe veröffentlicht.

? Welche Anforderungen an die Futtermittelhygiene müssen Futtermittelunternehmer erfüllen?

Futtermittelunternehmer müssen die jeweils für die von ihnen ausgeübten Tätigkeiten festgelegten Anforderungen erfüllen:

- für Tätigkeiten auf der Stufe der **Primärproduktion** (z. B. Futteranbau) und damit im Zusammenhang stehende Tätigkeiten, wie Transport zum Lager oder zu einem Abnehmer, die Anforderungen des Anhangs I der Futtermittelhygieneverordnung,
- für die **Herstellung von Futtermitteln** (z. B. Mischfuttermitteln), **auf der Stufe der Primärproduktion zur Verfütterung im eigenen Betrieb,** einschließlich der Verwendung von Ergänzungsfuttermitteln oder Silierzusatzstoffen die Anforderungen des Anhangs I der Futtermittelhygieneverordnung,
- für **alle anderen Tätigkeit** die Anforderungen des Anhangs II der Futtermittelhygieneverordnung und die Einrichtung eines HACCP-systems, gegebenenfalls ist zusätzlich eine Zulassung erforderlich, wenn bestimmte Einzelfuttermittel, Futtermittelzusatzstoffe, Vormischungen oder Mischfuttermittel hergestellt werden,
- für die **Fütterung von Tieren**, die der Lebensmittelgewinnung dienen, Anforderungen des Anhangs III der Futtermittelhygieneverordnung.

Anforderungen an Futtermittelprimärproduzenten

Futtermittelunternehmer auf der Stufe der Primärproduktion (in der Regel Landwirte) müssen gemäß der guten landwirtschaftlichen Praxis Maßnahmen ergreifen, mit denen die Risiken für die Sicherheit der von ihnen hergestellten, behandelten, gelagerten oder beförderten Primärerzeugnisse ausge-

Futtermittelprimärproduktion

»Produktion landwirtschaftlicher Erzeugnisse, einschließlich insbesondere durch Pflanzenbau, Ernte, Melken, Aufzucht von Tieren (bis zur Schlachtung) oder Fischfang, die nach der Ernte, der Sammlung oder dem Fang, von einfacher äußeren Behandlung abgesehen, keiner anderen Bearbeitung unterzogen werden.«[2]

---

[1] *Bekanntmachung 2019/C 225/01 der Kommission: Leitfaden zur Durchführung einiger Bestimmungen der Verordnung (EG) Nr. 183/2005 mit Vorschriften für die Futtermittelhygiene (ABL. C 225 vom 5.7.2019, S. 1)*

[2] *Artikel 3 Buchstabe f) der Verordnung (EG) Nr. 183/2005*

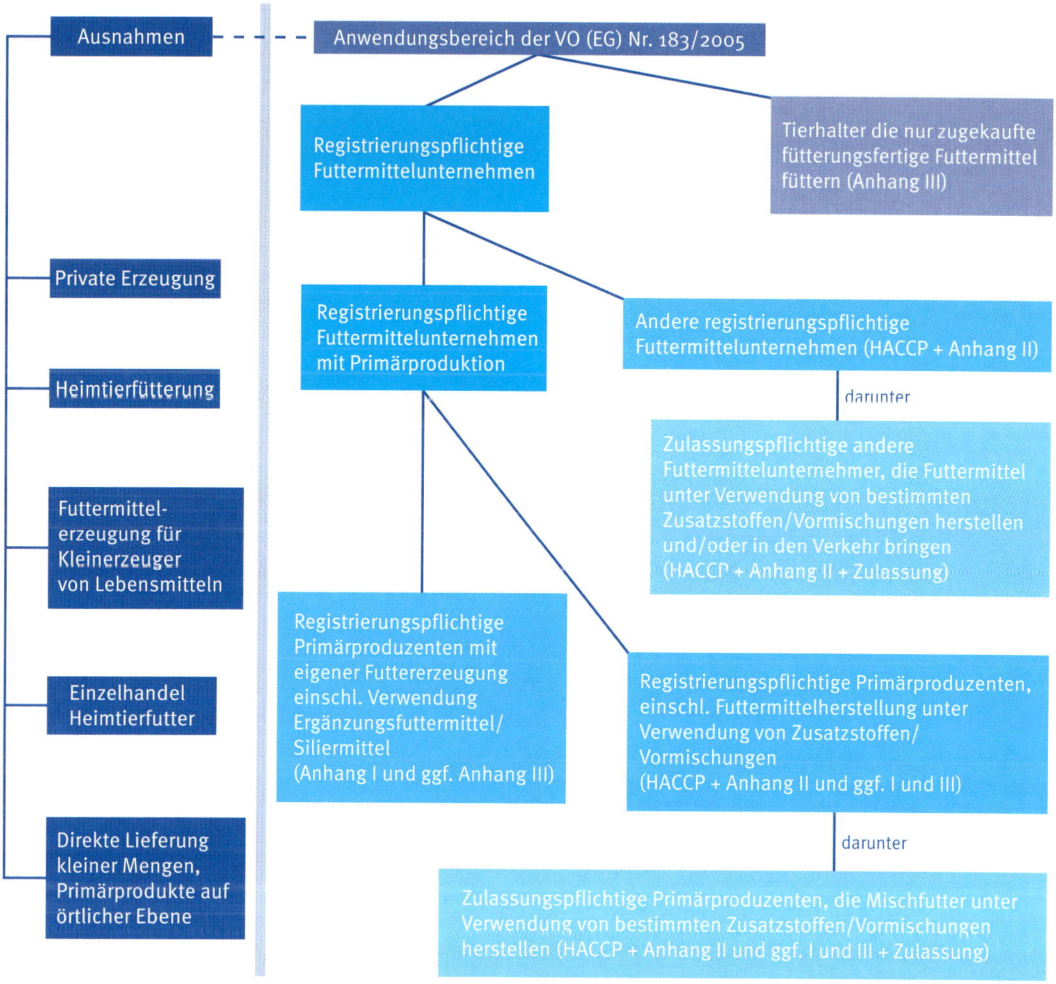

Abb. 3-1: Übersicht über die Anforderungen an Futtermittelunternehmen

schlossen oder minimiert werden. Die Futtermittelunternehmer müssen die Maßnahmen dokumentieren, die sie im Hinblick auf die Verhinderung von Kontaminationen ergriffen haben.

Die wichtigsten Anforderungen an Futtermittelprimärproduzenten sind im Anhang I der Verordnung (EG) Nr. 183/2005 festgelegt und betreffen:

- **Hygienevorschriften**
  - Gefahren für die Futtermittelsicherheit verhüten, beseitigen oder minimieren,
  - Erzeugnisse vor Kontamination und Verunreinigung schützen,
  - Maßnahmen zur Gefahreneindämmung durch Luft, Boden, Wasser, Düngemittel, Pflanzenschutzmittel, Biozide, Tierarzneimittel oder Abfälle treffen,

- Maßnahmen zur Pflanzen- und Tiergesundheit mit Wirkung auf die Futtermittelsicherheit kontrollieren,
- Spezifische Hygienemaßnahmen in Bezug auf Einrichtungen und die Lagerung von Futtermitteln durchführen.

Abb. 3-2: In der Landwirtschaft gehören zur »Guten fachlichen Praxis« eine an den Standort angepasste Bewirtschaftung nach anerkanntem Stand der Wissenschaft sowie die Dokumentation des Ausbringens von Dünge- und Pflanzenschutzmitteln. Die Maßnahmen dienen unter anderem der Gesunderhaltung und Qualitätssicherung von Pflanzen und Pflanzenerzeugnissen sowie der Erhaltung der Fruchtbarkeit des Bodens.

- **Buchführung**
  - Buchführung unter anderem über Pflanzenschutzmitteleinsatz, genetisch veränderte Saaten, Schädlingsbekämpfung,
  - Analyseergebnisse,
  - Ein- und Ausgänge von Futtermitteln.

Die Anforderungen von Anhang I der Futtermittelhygieneverordnung müssen auch solche Futtermittelunternehmer erfüllen, die zusätzlich zur Primärproduktion von Futtermitteln folgende damit zusammenhängende Tätigkeiten ausführen:

- Transport, Lagerung und Handhabung von Primärerzeugnissen am Ort der Erzeugung,
- Transportvorgänge zur Lieferung von Primärerzeugnissen vom Ort der Erzeugung zu einem Betrieb,
- Mischen von ausschließlich für den Bedarf des eigenen landwirtschaftlichen Betriebes bestimmten Futtermitteln *ohne Verwendung von Futtermittelzusatzstoffen oder Vormischungen* mit Ausnahme von Silierzusatzstoffen.

Anforderungen an Futtermittelunternehmen, ausgenommen Futtermittelprimärproduktion

Futtermittelunternehmer, die in anderen Bereichen als der Primärproduktion tätig sind, müssen geeignete Maßnahmen treffen, um die Sicherheit der Produkte zu gewährleisten, die sie herstellen, lagern, befördern, in den Verkehr bringen oder verwenden. Zu den Tätigkeiten, die nicht als Primärproduktion anzusehen sind, gehört auch das Mischen von ausschließlich für den Bedarf des eigenen landwirtschaftlichen Betriebs bestimmten Futtermitteln *unter*

Verwendung von Futtermittelzusatzstoffen oder Vormischungen mit Ausnahme von Silierzusatzstoffen.

Die Maßnahmen zur Gewährleistung der Futtermittelsicherheit sind im Einzelnen im Anhang II der Verordnung (EG) Nr. 183/2005 über die Futtermittelhygiene festgelegt und betreffen:

- **Einrichtungen und Ausrüstungen**, z. B. technische Ausstattung, Reinigungs-und Desinfektionsmöglichkeiten,
- **Personal**, z. B. Organisations- und Stellenplan, Nachweis der erforderlichen Kenntnisse und Qualifikationen,
- **Herstellung**, z. B. schriftliche Verfahrensbeschreibungen und Anweisungen nach HACCP, Anforderungen an die Arbeits- und Mischgenauigkeit, eindeutige Kennzeichnung aller Erzeugnisse,
- **Qualitätskontrolle**, z. B. Rückstellproben von allen Rohstoffen und Erzeugnissen, Stichprobenanalysen, Dokumentation gemäß HACCP-Grundsätzen,
- **Dioxinüberwachung**, z. B. spezifische Untersuchungspflichten,
- **Lagerung und Transport**, z. B. Anforderungen an Einrichtungen, Behälter oder Transportgeräte zur Vermeidung von Kreuzkontaminationen,
- **Dokumentation**, z. B. Sicherung der Rückverfolgbarkeit,
- **Beanstandungen und Rückruf**, z. B. Dokumentation.

► **Weitere Informationen**

Merkblätter für die Registrierung und Zulassung

www.bvl.bund.de

Leitfaden zur Überprüfung der Arbeits- und Mischgenauigkeit bei Futtermittelunternehmen

www.bmel.de

Abb. 3-3: Die Futtermischung wird vor dem Pressen zu Pellets durch ein thermisches Verfahren mit heißem Dampf hygienisiert, d. h. von Keimen, Salmonellen und anderen mikrobiellen Kontaminationen befreit. Der Pelletpresse sind bis zu drei Zylinder-Elemente vorgeschaltet. Die Verweildauer des Futters in den Zylindern beträgt bis vier Minuten bei einer Temperatur bis 95 Grad Celsius.

Futtermittelunternehmen, außer Futtermittelunternehmer der Primärproduktion, müssen die Grundsätze des HACCP-Konzepts (Hazard Analysis and Critical Control Points) anwenden und die Unterlagen, die die Einhaltung dieser Grundsätze belegen, aufbewahren.

Das **HACCP-Konzept** umfasst eine Reihe von Bedingungen, die während des gesamten Produktions-, Verarbeitungs- und Vertriebszyklus eingehalten werden müssen, um – auf der Grundlage einer Gefahrenanalyse – diejenigen Punkte identifizieren zu können, an denen es möglich und notwendig ist, eine Gefahr für die Sicherheit der Futtermittel unter Kontrolle zu bringen.

Das **HACCP-Konzept** ist wie folgt strukturiert:

- Identifizierung von Gefahren, die vermieden, ausgeschaltet oder auf ein annehmbares Maß reduziert werden müssen,
- Identifizierung der Prozessstufe(n), auf der (denen) es notwendig ist, eine Gefahr unter Kontrolle zu bringen (kritische Kontrollpunkte – CCP),
- Festlegung von Grenzwerten für Stoffe oder Kriterien, bei deren Überschreitung eingegriffen werden muss,
- Festlegung und Durchführung eines effizienten Systems zur Überwachung der kritischen Kontrollpunkte,
- Festlegung von Korrekturmaßnahmen für den Fall, dass die Überwachung zeigt, dass ein kritischer Kontrollpunkt fehlerbehaftet ist,
- Einrichtung von Eigenkontrollverfahren, um die Wirksamkeit der ergriffenen Maßnahmen zu überprüfen,
- Führung von Büchern zum Nachweis der Einhaltung der Vorschriften und zur Unterstützung der amtlichen Überwachung durch die zuständige Behörde.

▶ **Weitere Informationen**
Leitfaden zur Kontrolle der Anwendung des HACCP

www.bvl.bund.de

Müssen Landwirte ein HACCP-System einrichten?

Landwirte müssen nur dann ein HACCP-System einrichten, wenn sie in ihrem landwirtschaftlichen Betrieb

▶ **Futtermittelzusatzstoffe**, außer Silierzusatzstoffe (Siliermittel), zur Herstellung von Futtermitteln verwenden (z. B. organische Säuren zur Konservierung, Harnstoff, Aminosäuren) oder

▶ **Vormischungen**, außer Vormischungen mit Silierzusatzstoffen, verwenden.

Als Hilfestellung für die Landwirte wurden vom Zentralausschuss der deutschen Landwirtschaft (ZDL) Merkblätter zur Verwendung von organischen

Abb. 3-4: Fütterungsanlage für Schweine auf einem landwirtschaftlichen Betrieb – bei der Fütterung von Nutztieren müssen Landwirte das Risiko einer biologischen, chemischen und physikalischen Kontamination von Futtermitteln, Tieren und tierischen Erzeugnissen so gering wie möglich halten.

Säuren, Harnstoff und Aminosäuren entwickelt und mit den Überwachungsbehörden abgestimmt. Diese Merkblätter unterstützen den Landwirt bei der sicheren Anwendung dieser Futtermittelzusatzstoffe, der Einhaltung der Anforderungen der Futtermittelhygieneverordnung und der Einrichtung eines HACCP-Systems im landwirtschaftlichen Betrieb.

► **Weitere Informationen**
Merkblätter für den Einsatz von Futtermittelzusatzstoffen im landwirtschaftlichen Betrieb

www.landwirtschaftskammern.de

Abb. 3-5: Tiere können nur dann sichere Lebensmittel liefern, wenn sie sicheres Futter erhalten. Aus diesem Grund wird im Rahmen der Qualitätskontrolle die gesamte Kette von der Tierhaltung (»farm«) bis auf die Gabel (»fork«) der Verbraucher berücksichtigt.

Anforderungen an Landwirte, die der Lebensmittelgewinnung dienende Tiere füttern

Die Landwirte und Tierhalter müssen bei der Fütterung von der Lebensmittelgewinnung dienenden Tieren bestimmte Anforderungen erfüllen. Diese Anforderungen gelten auch für Tierhalter, die keine Futtermittelunternehmer sind, weil sie keine eigenen Futtermittel herstellen, sondern ausschließlich Futtermittel beziehen, die ohne weitere Verarbeitung verfüttert werden. Hierbei handelt es sich in der Regel um Alleinfuttermittel. Aber auch der Zukauf von Einzelfuttermitteln und deren direkte Verfütterung ohne vorherige Vermischung können im Einzelfall hierunter fallen.

Die Anforderungen an die Fütterung sind im Anhang III der Verordnung (EG) Nr. 183/2005 festgelegt und betreffen:

- **Weideführung**, z. B. Vermeidung von Kontaminationen, Einhaltung von Wartezeiten nach der Ausbringung organischer Düngemittel,
- **Stall- und Fütterungseinrichtungen**, z. B. Reinigung und Desinfektionsmaßnahmen, Futter- und Einstreuwechsel,
- **Fütterung**, z. B. getrennte Lagerung und Handhabung der verschiedenen Futtermittel zur Vermeidung von Kontaminationen,
- **Futtermittel und Wasser**, z. B. Verwendung von als Tränkwasser geeignetem Wasser,
- **Personal**, z. B. erforderliche Qualifikation der für die Fütterung verantwortlichen Person.

► **Weitere Informationen**
Orientierungsrahmen zur Bewertung der hygienischen Qualität von Tränkwasser

www.bmel.de

4 Anforderungen an Futtermittel

Die Anforderungen an das Inverkehrbringen und die Verwendung von Futtermitteln (Einzelfuttermittel und Mischfuttermittel) sind in der Verordnung (EG) Nr. 767/2009 festgelegt.

Die **Verordnung (EG) Nr. 767/2009 des Europäischen Parlaments und des Rates vom 13. Juli 2009 über das Inverkehrbringen und die Verwendung von Futtermitteln** enthält Vorschriften für das Inverkehrbringen von Futtermitteln, unabhängig davon, ob diese für Tiere bestimmt sind, die der Lebensmittelgewinnung dienen, oder für Tiere, die nicht der Lebensmittelgewinnung dienen (z. B. Heimtiere). Es werden Anforderungen an die Sicherheit und die Verwendung sowie an die Aufmachung, Kennzeichnung und Verpackung von Einzelfuttermitteln und Mischfuttermitteln festgelegt.

Inverkehrbringen und Verwendung

Futtermittel müssen die Anforderungen an die Sicherheit und das Inverkehrbringen erfüllen. Sie müssen insbesondere:

- sicher sein und dürfen keine unmittelbaren schädlichen Auswirkungen auf die Umwelt oder das Wohl der Tiere haben,
- unverdorben, echt, unverfälscht, zweckgeeignet und von handelsüblicher Beschaffenheit sein,
- in Übereinstimmung mit den geltenden Rechtsvorschriften gekennzeichnet, verpackt und dargereicht werden und
- technische Bestimmungen über Verunreinigungen und andere chemische Eigenschaften erfüllen.

Gewähr für bestimmte Anforderungen

Der Verkäufer eines Futtermittels übernimmt die Gewähr dafür, dass ein Futtermittel sicher ist und keine unmittelbaren schädlichen Auswirkungen auf die Umwelt oder das Wohl der Tiere hat und dass es unverdorben, echt, unverfälscht, zweckgeeignet und von handelsüblicher Beschaffenheit ist (§ 24 LFGB). Damit soll den Käufern, insbesondere den Landwirten, die Durchsetzung zivilrechtlicher Forderungen bei Lieferung von Futtermitteln mit Qualitätsmängeln nach dem Grundsatz der verschuldensunabhängigen Haftung erleichtert werden.

Chemische Verunreinigungen aus der Herstellung von Einzelfuttermitteln

Neben den allgemeinen Sicherheitsanforderungen müssen Einzelfuttermittel gemäß der Guten Herstellungspraxis praktisch frei von chemischen Verunreinigungen sein, die aus ihrem Herstellungsprozess oder der Verwendung von Verarbeitungshilfsstoffen, wie zum Beispiel Salze, Säuren, Laugen, Bleichmittel, Schaumbremsmittel, herrühren. Abweichungen von diesem Grundsatz sind nur zulässig, sofern im EU-Katalog der Einzelfuttermittel ein bestimmter Höchstgehalt für diese Verunreinigungen oder Verarbeitungshilfsstoffe festgelegt ist. Im Hinblick auf die praktische Durchführung dieser Vorschrift ist in den Vorbemerkungen zum EU-Katalog der Einzelfuttermittel festgelegt, dass Höchstgehalte für Verunreinigungen und Rückständen von Verarbeitungshilfsstoffen nur festgelegt werden, wenn sie einen Gehalt von 0,1 % überschreiten oder ein niedrigerer Gehalt im Hinblick auf die Gute Herstellungspraxis angezeigt ist.

Verarbeitungshilfsstoffe

»An sich nicht als Futtermittel verwendete Stoffe, die bei der Verarbeitung von Futtermitteln oder Futtermittel-Ausgangserzeugnissen [Einzelfuttermittel] absichtlich zu dem Zweck verwendet werden, während der Be- und Verarbeitung einen technologischen Zweck zu erfüllen, was zum Vorhandensein nicht beabsichtigter, aber technisch unvermeidbarer Rückstände oder Rückstandsderivate im Enderzeugnis führen kann, sofern sich diese Rückstände weder schädlich auf die Gesundheit von Tier und Mensch oder auf die Umwelt noch technologisch auf das Enderzeugnis auswirken.«[1]

Tab. 4-1: Beispiel[1] Höchstgehalte für chemische Verunreinigungen aus der Herstellung

Nummer	Bezeichnung	Beschreibung	Obligatorische Angaben
4.1.10	**(Zucker-) Rübentrockenschnitzel**	Erzeugnis aus der Zuckerherstellung, das aus mit Hilfe von Wasser entzuckerten Zuckerrübenschnitzeln besteht, die mechanisch ab gepresst und getrocknet wurden. Kann bis zu 2 % Sulfat enthalten.	Salzsäureunlösliche Asche, wenn › 3,5 % in der Trockenmasse Gesamtzuckergehalt, berechnet als Saccharose, wenn › 10,5 %

Abb. 4-1: Die Hersteller von Einzelfuttermitteln müssen gewährleisten, dass im Verarbeitungsprozess, wie hier beispielsweise bei der Gewinnung von Trockenschnitzeln aus der Zuckerrübe, gesetzlich vorgeschriebene Höchstmengen an chemischen Verunreinigungen nicht überschritten werden.

[1] *Artikel 2 Buchstabe e der Verordnung (EG) Nr. 1831/2003*

Welche Futtermittel dürfen direkt verfüttert werden?

Direkt an Tiere dürfen folgende Futtermittel verfüttert werden:

- Einzelfuttermittel
- Mischfuttermittel, wie Alleinfuttermittel oder Ergänzungsfuttermittel, einschließlich Spezialfuttermittel, wie Mineralfuttermittel, Milchaustauscher oder Diätfuttermittel

Einzelfuttermittel

Wirtschaftseigene Futtermittel wie Getreidekörner, Silage oder Heu sowie Handelsfuttermittel wie Sojaschrot, Kalziumkarbonat oder Glycerin sind futtermittelrechtlich Einzelfuttermittel. Die große Zahl der als Einzelfuttermittel verwendeten Stoffe und Erzeugnisse wird bei einem Blick in den europäischen Katalog der Einzelfuttermittel (Verordnung (EU) 68/2013) und in das ergänzende Register der Einzelfuttermittel (feed materials register) deutlich. In der deutschen Positivliste der Einzelfuttermittel, die vom Zentralausschuss der deutschen Landwirtschaft (ZDL) herausgegeben wird, sind gegenwärtig etwa 450 Einzelfuttermittel aufgeführt und beschrieben.

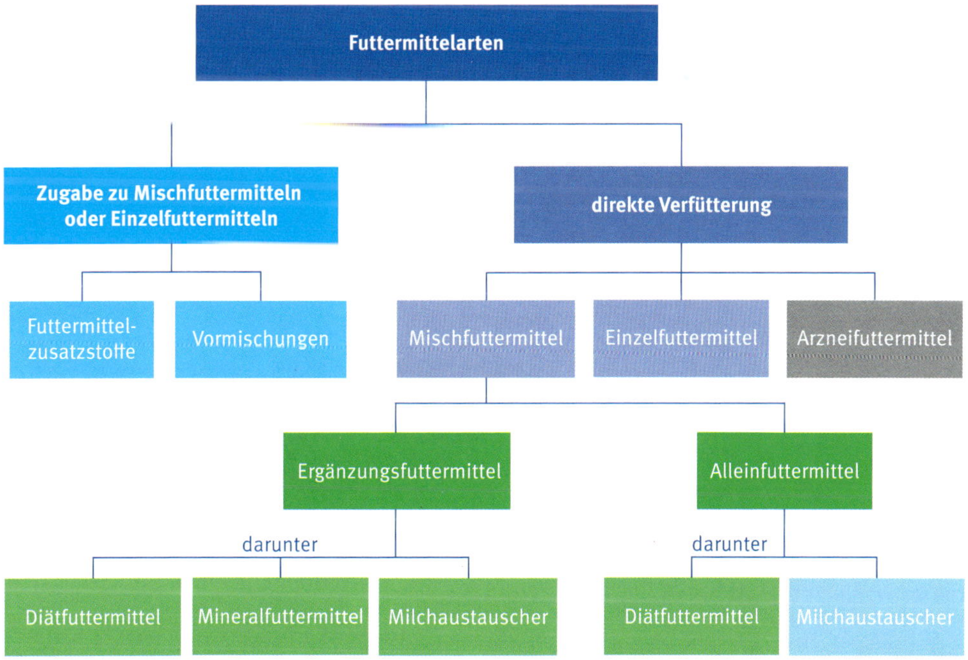

Abb. 4-2: Übersicht über die Futtermittelarten

Abb. 4-3: Beispiele für typische Einzelfuttermittel – Wintergerste (links) wird in hohen Anteilen in der Tierfütterung verwendet. Rapsschrot (Mitte) ist ein Eiweißfutter und fällt bei der Verarbeitung der Rapssaat in den Ölmühlen an. Maisganzpflanzensilage (rechts) ist ein durch Milchsäuregärung konserviertes Strukturfutter aus der gehäckselten Maispflanze.

Angesichts dieser Vielfalt ist die Abgrenzung der Einzelfuttermittel von anderen in der Tierfütterung verwendeten Stoffen, insbesondere von Zusatzstoffen, aber auch von anderen Stoffen wie Tierarzneimitteln oder Bioziden, immer schwieriger geworden. Das gilt für die Futtermittelwirtschaft, den Handel und die landwirtschaftliche Praxis ebenso, wie für die zuständigen Überwachungsbehörden (s. Kapitel 10).

Aus der rechtlichen Einordnung der verschiedenen Stoffe ergeben sich die Anforderungen an die Erzeugnisse, deren Herstellung, Kennzeichnung, Vermarktung und Verwendung.

Die Einzelfuttermittel werden in verschiedene Gruppen eingeteilt, wobei die Gruppierung je nach Zielstellung der Einteilung unterschiedlich sein kann. Als Beispiel wird hier auf die Gruppen von Einzelfuttermitteln verwiesen, wie sie im Anhang V der Verordnung (EG) Nr. 767/2009 aufgeführt sind. Diese Gruppen sind maßgebend für die Kennzeichnung der Inhaltsstoffe von Einzelfuttermitteln:

Einzelfuttermittel

»Erzeugnisse pflanzlichen oder tierischen Ursprungs, die vorrangig zur Deckung des Ernährungsbedarfs von Tieren dienen, im natürlichen Zustand, frisch oder haltbar gemacht, und Erzeugnisse ihrer industriellen Verarbeitung sowie organische und anorganische Stoffe, mit Futtermittelzusatzstoffen oder ohne Futtermittelzusatzstoffe, die zur Tierernährung durch orale Fütterung bestimmt sind, sei es als solche oder in verarbeiteter Form, für die Herstellung von Mischfuttermitteln oder als Trägerstoff für Vormischungen.«[1]

► **Weitere Informationen**
Positivliste der Einzelfuttermittel (Herausgegeben von der Normenkommission des ZDL)

www.dlg.org/positivliste

[1] *Artikel 3 Absatz 2 Buchstabe g der Verordnung (EG) Nr. 767/2009*

Übersicht über die Gruppen von Einzelfuttermitteln gemäß Anhang V der Verordnung (EG) Nr. 767/2009

1. Grünfutter und Raufutter
2. Getreidekörner
3. Erzeugnisse und Nebenerzeugnisse aus Getreidekörnern
4. Ölsaaten, Ölfrüchte
5. Erzeugnisse und Nebenerzeugnisse von Ölsaaten, Ölfrüchten
6. Körnerleguminosen
7. Erzeugnisse und Nebenerzeugnisse aus Körnerleguminosen
8. Knollen, Wurzeln
9. Erzeugnisse und Nebenerzeugnisse aus Knollen und Wurzeln
10. Erzeugnisse und Nebenerzeugnisse aus der zuckerrübenverarbeitenden Industrie
11. Erzeugnisse und Nebenerzeugnisse aus der zuckerrohrverarbeitenden Industrie
12. Andere Saaten und Früchte, deren Erzeugnisse und Nebenerzeugnisse, mit Ausnahme der unter den Nummern 2 bis 7 aufgeführten Erzeugnisse
13. Andere Pflanzen, deren Erzeugnisse und Nebenerzeugnisse, mit Ausnahme der unter den Nummern 8 bis 11 aufgeführten Erzeugnisse
14. Milcherzeugnisse und -nebenerzeugnisse
15. Erzeugnisse und Nebenerzeugnisse von Landtieren
16. Fische, andere Meerestiere, deren Erzeugnisse und Nebenerzeugnisse
17. Mineralstoffe
18. Sonstige

Zu Einzelfuttermitteln können auch Futtermittelzusatzstoffe oder Vormischungen zugegeben werden, sofern dies gemäß der Zulassungsverordnung für den einzelnen Futtermittelzusatzstoff zulässig ist (s. Kapitel 7).

Mischfuttermittel

Mischfuttermittel bestehen aus mindestens zwei Einzelfuttermitteln und sind zur direkten oralen Fütterung bestimmt. Zu Mischfuttermitteln können auch Futtermittelzusatzstoffe oder Vormischungen zugegeben werden.

Die Verwendung zur direkten (oralen) Fütterung unterscheidet Mischfuttermittel von Vormischungen, die nicht direkt verfüttert, sondern zunächst mit anderen Futtermitteln (Einzelfuttermitteln oder Mischfuttermitteln) oder, sofern zugelassen, Wasser gemischt werden müssen. Mischfuttermittel können Alleinfuttermittel oder Ergänzungsfuttermittel sein.

Mischfuttermittel mit einer speziellen Zusammensetzung und speziellen Verwendungszwecken sind zum Beispiel Mineralfuttermittel, Milchaustauschfuttermittel und Diätfuttermittel.

Mischfuttermittel

»Mischung aus mindestens zwei Einzelfuttermitteln, mit Futtermittelzusatzstoffen oder ohne Futtermittelzusatzstoffe, die zur oralen Fütterung in Form eines Alleinfuttermittels oder Ergänzungsfuttermittels bestimmt sind.«[1]

Abb. 4-4: Im Mischfutterwerk werden die vermahlenen Einzelkomponenten zunächst im Vorbehälter gesammelt und gelangen von dort in den Hauptmischer, wo sie etwa zwei bis vier Minuten gemischt werden.

[1] *Artikel 3 Absatz 2 Buchstabe h der Verordnung (EG) Nr. 767/2009*

Alleinfuttermittel

Alleinfuttermittel sind Mischfuttermittel, die für eine tägliche Ration ausreichen.

> **Alleinfuttermittel**
> »Mischfuttermittel, das aus Gründen seiner Zusammensetzung für eine tägliche Ration ausreicht.«[1]

Dabei ist eine tägliche Ration die Gesamtmenge der Futtermittel, die ein Tier einer bestimmten Art, Altersklasse und Leistung durchschnittlich täglich benötigt, um seinen gesamten Nährstoffbedarf zu decken.

Abb. 4-5: Masthuhnküken werden mit Alleinfutter versorgt, das den spezifischen Ernährungserfordernissen dieser Altersklasse optimal gerecht wird.

Um dem Anspruch – ausreichend für eine tägliche Ration – gerecht zu werden, muss das Alleinfuttermittel also eine bestimmte Zusammensetzung haben, die eine bedarfsgerechte Ernährung für die jeweilige Tierart oder Tierkategorie allein gewährleistet. Dabei ist zu berücksichtigen, dass bestimmte Abschnitte im Laufe des Lebens eines Tieres (z. B. Jugend, Alter) oder bestimmte Stoffwechselsituationen (Legeperiode bei Vögeln, Säugephase in der Aufzucht usw.) unterschiedliche Ansprüche an die Ernährung stellen. Dies schließt auch ein, dass das Alleinfuttermittel bestimmte Eigenschaften erfüllen muss, wie z. B. Sicherstellung der physiologischen Verdauung oder Gewährleistung der Zahnhygiene bei Kaninchen.

Ergänzungsfuttermittel

Ergänzungsfuttermittel sollen die tägliche Ration mit bestimmten Stoffen (z. B. Protein, Mineralstoffe, Vitamine oder Spurenelemente) »ergänzen« und müssen aus diesem Grund einen hohen Gehalt an bestimmten Stoffen aufweisen. Im Gegensatz zu einem Alleinfuttermittel reichen Ergänzungsfuttermittel daher nur in Kombination mit anderen Futtermitteln für die tägliche Ration aus.

> **Ergänzungsfuttermittel**
> »Mischfuttermittel, das einen hohen Gehalt an bestimmten Stoffen aufweist, aber aufgrund seiner Zusammensetzung nur mit anderen Futtermitteln zusammen für die tägliche Ration ausreicht.«[2]

Ergänzungsfuttermittel zählen zu den Mischfuttermitteln. Sie können demnach auch direkt, d. h. ohne Mischung mit anderen Futtermitteln oder Wasser, gefüttert werden.

Dagegen dürfen Vormischungen, die üblicherweise ebenfalls einen hohen Anteil an bestimmten Futtermittelzusatzstoffen enthalten, nicht direkt verfüttert werden.

---

[1] *Artikel 3 Absatz 2 Buchstabe i der Verordnung (EG) Nr. 767/2009*
[2] *Artikel 3 Absatz 2 Buchstabe j der Verordnung (EG) Nr. 767/2009*

Abb. 4-6: Wiederkäuern, wie beispielsweise Rindern, bei denen ernährungsbedingt der größte Anteil der täglichen Futterration aus Strukturfutter (Grundfutter: z.B. Gras, Silage, Heu) bestehen muss, werden typischerweise Ergänzungsfuttermittel zugefüttert.

Die Unterscheidung von Ergänzungsfuttermitteln und Vormischungen ist in der Praxis auch dadurch erschwert, weil Mischungen mit einem hohen Gehalt an bestimmten Futtermittelzusatzstoffen häufig nicht als Vormischung sondern als Ergänzungsfuttermittel an Landwirte abgegeben werden, obwohl oft gleichzeitig darauf hingewiesen wird, dass das Erzeugnis zunächst in Futtermittel eingemischt werden muss und nicht direkt gefüttert werden darf. Dieser Trend wurde durch die Regelungen in der Futtermittelhygieneverordnung verstärkt, wonach Landwirte zusätzliche Anforderungen erfüllen müssen, wenn sie Vormischungen einsetzen.

Um der geschilderten Entwicklung, die eine sichere Verwendung von Futtermittelzusatzstoffen im landwirtschaftlichen Betrieb gefährden könnte, entgegenzuwirken, wurde für Ergänzungsfuttermittel ein maximaler Konzentrationsfaktor für bestimmte Futtermittelzusatzstoffe festgelegt. Danach dürfen Futtermittelzusatzstoffe, für die bei der Zulassung ein Höchstgehalt bezogen auf Alleinfuttermittel (tägliche Ration) festgelegt wurde, in Ergänzungsfuttermitteln nur bis zum 100-fachen des Höchstgehalts enthalten sein. Für Kokzidiostatika und Histomonostatika gilt das Fünffache des Höchstgehalts als maximale Konzentration in Ergänzungsfuttermitteln.

Ausgenommen sind Futtermittel für besondere Ernährungszwecke (Diät-Ergänzungsfuttermittel), wenn für den jeweiligen Ernährungszweck eine höhere Konzentration von Futtermittelzusatzstoffen zugelassen ist. Unbeschadet einer zulässigen höheren Konzentration von Futtermittelzusatzstoffen in Diät-Ergänzungsfuttermittel (so genannte »Hochkonzentrate«), sind bei deren Verfütterung die für Alleinfuttermittel festgelegten Höchstgehalte für die jeweiligen Futtermittelzusatzstoffe in der Tagesration einzuhalten.

Für die Einhaltung der Höchstgehalte in der Tagesration ist der Tierhalter verantwortlich. Inzwischen wurden einige hochkonzentrierte Diätfuttermittel auf dem Markt gebracht, die so hohe Gehalte an bestimmten Zusatzstoffen (z. B. Spurenelementen) enthalten, dass eine bestimmungsgemäße Dosierung im landwirtschaftlichen Betrieb nicht praktikabel ist und die Gefahr der Überdosierung besteht. Deshalb wurde die maximale Konzentration von Futtermittelzusatzstoffen in hochkonzentrierten Diätfuttermitteln (ausgenommen zugelassene Verwendungen für Boli) nunmehr auf das 500fache begrenzt.

Mineralfuttermittel

Ein Mineralfuttermittel ist ein Ergänzungsfuttermittel, das mindestens 40 % Rohasche bezogen auf das Gewicht des Futtermittels enthält. Mineralfuttermittel enthalten üblicherweise einen hohen Anteil an Mineralstoffen (z. B. Calcium, Kalium, Phosphor, Magnesium), der bei einer Futtermitteluntersuchung analytisch als Bestandteil der »Rohasche« bestimmt wird. Rohasche ist der Anteil eines Futtermittels, der übrig bleibt, wenn dieses bei sehr hohen Temperaturen (550 °C) verbrannt (fachlich auch »verascht«) wird. Der Mindestgehalt von 40 % Rohasche in Mineralfuttermitteln wurde festgelegt, um diese Futtermittelart, für die besondere Kennzeichnungsvorschriften gelten, eindeutig von anderen Futtermitteln abzugrenzen.

Mineralfuttermittel

»Ergänzungsfuttermittel mit mindestens 40 % Rohasche.«[1]

Abb. 4-7: Die richtige Versorgung von Rindern mit Mineralstoffen, in der Regel über Mineralfutter, ist von großer Bedeutung. Mineralfutter sind eine besondere Form der Ergänzungsfuttermittel.

Milchaustausch-Futtermittel

Ein Milchaustausch-Futtermittel (Milchaustauscher) ist ein Mischfuttermittel, das bei der Fütterung von Jungtieren zur Aufzucht oder zur Mast die Muttermilch ergänzen oder ersetzen soll. Für Milchaustausch-Futtermittel sind aus Gründen des Tierschutzes besondere Anforderungen hinsichtlich des Eisengehalts festgelegt. Danach müssen Milchaustausch-Futtermittel für Kälber mit einer Lebendmasse unter 70 kg mindestens 30 mg Eisen je kg Futtermittel (mit 88 % Trockenmasse) enthalten. Damit

Milchaustausch-Futtermittel

»Mischfuttermittel, das in trockener Form oder nach Auflösung in einer bestimmten Flüssigkeitsmenge jungen Tieren in Ergänzung oder als Ersatz der postkolostralen Muttermilch verabreicht oder an zur Schlachtung bestimmte junge Tiere wie Kälber, Lämmer oder Kitze verfüttert wird.«[2]

Abb. 4-8: Milchaustauscher werden in Wasser aufgelöst als Tränke verabreicht. Es wird zwischen Kalt- und Warmtränke unterschieden. Die Milchaustauscher werden häufig angesäuert, was der besseren Haltbarkeit der Tränken dient und möglichen Verdauungsstörungen bei Kälbern vorbeugt.

[1] *Artikel 3 Absatz 2 Buchstabe k der Verordnung (EG) Nr. 767/2009*
[2] *Artikel 3 Absatz 2 Buchstabe l der Verordnung (EG) Nr. 767/2009*

soll eine extrem anämische Kälbermast unter Eisenmangelbedingungen zur Weißfleischerzeugung verhindert werden.

Diätfuttermittel

Diätfuttermittel sind Futtermittel, die einen besonderen Ernährungszweck erfüllen sollen, d. h. sie sollen an Tiere verfüttert werden, deren Verdauungs-, Absorptions- oder Stoffwechselvorgänge zeitweise oder dauerhaft gestört sind. Deshalb werden sie als »Futtermittel für einen besonderen Ernährungszweck« bezeichnet. Um einen besonderen Ernährungszweck zu erfüllen, muss ein Diätfuttermittel eine besondere Zusammensetzung aufweisen oder mit einem besonderen Herstellungsverfahren erzeugt werden. Dadurch muss es sich eindeutig von gängigen Futtermitteln unterscheiden.

Diätfuttermittel

»Futtermittel, das aufgrund seiner besonderen Zusammensetzung oder des Herstellungsverfahrens, welche(s) es eindeutig von gängigen Futtermitteln unterscheidet, einem besonderen Ernährungszweck dienen kann. Fütterungsarzneimittel im Sinne der Richtlinie 90/167/EWG [jetzt Arzneifuttermittel im Sinne der Verordnung (EU) 2019/4] zählen nicht zu den Futtermitteln für besondere Ernährungszwecke.«[1]

Ein besonderer Ernährungszweck wird festgelegt, um die spezifischen Ernährungsbedürfnisse von Tieren zu decken, deren Verdauungs-, Absorptions- oder Stoffwechselvorgänge vorübergehend oder bleibend gestört sind oder sein könnten und die deshalb von der Aufnahme ihrem Zustand angemessener Futtermittel profitieren können.

Die besonderen Ernährungszwecke werden auf Antrag eines Futtermittelunternehmers von der Kommission zugelassen. Die Liste der zugelassenen besonderen Ernährungszwecke ist in der Verordnung (EU) 2020/354 aufgeführt. Die Nutzung der zugelassenen Verwendungszwecke für die Herstellung von Diätfuttermitteln steht allen Futtermittelunternehmern frei, d. h. eine Bindung an den Antragsteller besteht nicht.

Die speziellen Vorschriften über die Verwendung von Futtermittelzusatzstoffen gelten grundsätzlich auch für Diätfuttermittel. Allerdings darf der Gehalt an Zusatzstoffen das Hundertfache des für Zusatzstoffe in Alleinfuttermitteln festgelegten Höchstgehaltes bei bestimmten Diätfuttermitteln überschreiten, sofern dies im Einzelfall bei der Zulassung des besonderen Ernährungszweckes festgelegt ist. Um eine sichere Anwendung solcher hochkonzentrierten Diätfuttermittel zu gewährleisten, darf der Gehalt an Zusatzstoffen jedoch das 500fache des für Zusatzstoffe in Alleinfuttermitteln festgelegten Gehaltes nicht überschreiten, ausgenommen bei Diätfuttermitteln, die in Form eines Bolus verabreicht werden dürfen. Der Höchstgehalt für die Tagesration muss jedoch auch bei der Verfütterung hochkonzentrierter Diät-Ergänzungsfuttermittel eingehalten werden.

---

[1] *Artikel 3 Absatz 2 Buchstabe o der Verordnung (EG) Nr. 767/2009*

Tab. 4-2: Beispiele besonderer Ernährungszwecke

Nummer des Eintrags	Besonderer Ernährungs-zweck	Wesentliche ernährungs-physiologische Merkmale	Tierart oder Tiergattung	Kennzeichnung-sangaben	Empfohlene Fütterungs-dauer	Andere Bestimmungen
57	**Verringerung der Gefahr von Azidose**	Niedriger Gehalt an leicht vergärbaren Kohlenhydraten und hohe Pufferkapazität	Wiederkäuer	Stärke Gesamtzucker (insgesamt)	Bis zu zwei Monaten (15)	1. Die Verabreichung in Form eines Bolus ist zulässig. Ein Bolus darf zur Erhöhung der Dichte bis zu 20 % Eisen in einer inerten, nicht bioverfügbaren Form enthalten. 2. In der Gebrauchsanweisung sind Angaben zur Ausgewogenheit der Tagesration hinsichtlich des Fasergehalts und leicht vergärbarer Kohlenhydratquellen zu machen. 3. Bei Futtermitteln für Milchkühe: Hinweis auf dem Etikett: »Insbesondere für Hochleistungskühe.« 4. Bei Futtermitteln für Wiederkäuer in der Mastzucht: Hinweis auf dem Etikett: »Besonders für intensiv gefütterte Jungtiere (16).«
	Verringerung des Jodgehalts in Futtermitteln im Fall einer Schilddrüsenüberfunktion	Begrenzter Jodgehalt: Jod ≤ 0,26 mg je kg Alleinfuttermittel mit einem Feuchtigkeitsgehalt von 12 % (2)	Katzen	Jod (insgesamt)	Zunächst bis zu 3 Monaten	1. Das Futtermittel ist als Alleinfuttermittel in Verkehr zu bringen. 2. Hinweis auf dem Etikett: — »Es wird empfohlen, vor der Verwendung oder vor Verlängerung der Fütterungsdauer den Rat eines Tierarztes einzuholen.«

(2) Basierend auf einer Ernährung mit einer Energiedichte der Trockenmasse von 4000 kcal umsetzbare Energie/kg, die anhand der Gleichung in den FEDIAF-Ernährungsleitlinien berechnet wird (http://www. fediaf.org/self-regulation/nutrition.html). Die Werte sind anzupassen, wenn die Energiedichte von den 4000 kcal umsetzbare Energie/kg abweicht.

(15) Bei Futtermitteln für Milchkühe: »höchstens zwei Monate ab dem Beginn der Laktation«.

(16) Angabe der betreffenden Wiederkäuerkategorie.

Arzneifuttermittel

Besondere Formen von Futtermitteln sind Arzneifuttermittel und Zwischenprodukte zur Herstellung von Arzneifuttermitteln, für deren Herstellung, Lagerung, Transport und Verwendung spezielle Vorschriften gelten (s. Kapitel 9).

? Was ist bei der Verpackung von Futtermitteln zu beachten?

Einzelfuttermittel dürfen lose oder in nicht verschlossenen Verpackungen oder Behältnissen in den Verkehr gebracht werden.

Mischfuttermittel dürfen nur in verschlossenen Verpackungen oder Behältnissen in den Verkehr gebracht werden. Hiervon abweichend dürfen bestimmte Mischfuttermittel lose oder in nicht verschlossenen Verpackungen oder Behältnissen in Verkehr gebracht werden. Diese Ausnahme gilt für:

Abb. 4-9: Mischfuttermittel werden entweder in Silofahrzeugen lose direkt an den tierhaltenden Betrieb geliefert (links) oder abgepackt in Bigbags oder Kleinsäcken (rechts) an die Endverwender abgegeben.

- Mischfuttermittel, die ausschließlich durch Mischen von ganzen Körnern oder ganzen Früchten hergestellt werden,
- Lieferungen zwischen Herstellern von Mischfuttermitteln,
- Lieferungen des Herstellers von Mischfuttermitteln unmittelbar an den Futtermittelverwender oder an Verpackungsfirmen,
- Mengen von Mischfuttermitteln mit einem Gewicht von höchstens 50 Kilogramm, die für den Endverwender bestimmt sind und unmittelbar aus einer geschlossenen Verpackung oder einem geschlossenen Behältnis entnommen werden, und
- Futterblöcke oder Lecksteine.

EU-Katalog der Einzelfuttermittel

Der EU-Katalog der Einzelfuttermittel soll die Kennzeichnung von Einzelfuttermitteln und Mischfuttermitteln verbessern. Der EU-Katalog wird vom Futtermittelsektor erstellt und nach Prüfung durch die Europäische Kommission und die Mitgliedstaaten von der Kommission veröffentlicht. Die Verordnung (EU) Nr. 68/2013 enthält die aktuelle Fassung des Katalogs.

> **Weitere Informationen**
> Register der Einzelfuttermittel
> www.feedmaterialsregister.eu

Im Katalog sind für jedes eingetragene Einzelfuttermittel angegeben:

- Kennnummer,
- Bezeichnung,
- Beschreibung (einschließlich Angaben zum Herstellungsverfahren),

- Zulässige Gehalte an Rückständen von chemischen Verunreinigungen und Verarbeitungshilfsstoffen, sofern der zulässige Gehalt von der Grundregel in Anhang I Nummer 1 der Verordnung (EG) Nr. 767/2009 abweicht,
- Vorgeschriebene Angaben zur Kennzeichnung von Inhaltsstoffen/analytischen Bestandteilen.

Darüber hinaus werden in einem Glossar im EU-Katalog die wichtigsten Herstellungs- und Verarbeitungsverfahren definiert, auf die bei der Bezeichnung und Beschreibung Bezug genommen wird.

Die Anwendung des EU-Katalogs durch den Futtermittelunternehmer ist freiwillig. Wird allerdings für ein Einzelfuttermittel eine Bezeichnung aus dem EU-Katalog verwendet, dann sind die dort genannten Festlegungen einzuhalten.

Register der Einzelfuttermittel (FeedMaterialsRegister)

In Ergänzung zum EU-Katalog der Einzelfuttermittel wird vom Europäischen Futtermittelsektor (vertreten durch die Europäischen Branchenverbände) ein Register der Einzelfuttermittel ohne Mitwirkung von Kommission und Mitgliedstaaten geführt. Jedes Einzelfuttermittel, das ein Futtermittelunternehmer in den Verkehr bringen oder für die Herstellung von Mischfuttermitteln verwenden will, muss zuvor in dieses Register eingetragen werden, sofern das Einzelfuttermittel nicht bereits im EU-Katalog aufgeführt ist[1]. Den Überwachungsbehörden steht es frei, im Einzelfall die Einzelfuttermitteleigenschaft eines im Register beschriebenen Erzeugnisses in Zweifel zu ziehen.

Die Eintragungen in das »Feedmaterialsregister« können in der jeweiligen Amtssprache des Mitgliedstaates erfolgen, in dem der Futtermittelunternehmer seinen Sitz hat.

Folgende Angaben sind **vom Futtermittelunternehmer in das Register einzutragen:**

- Name (Bezeichnung) des Einzelfuttermittels,
- Eigenschaften (Beschreibung) des Einzelfuttermittels und
- Name und Kontaktdaten (diese Angabe werden nicht veröffentlicht).

Als Hilfestellung steht eine Leitlinie für die Mitteilung durch Futtermittelunternehmer zur Verfügung – allerdings nur in englischer Sprache.

Die Liste der Einzelfuttermittel wird im Register **mit folgenden Angaben veröffentlicht:**

- Name des Einzelfuttermittels,
- Sprache,

---

[1] *Bekanntmachung über das Verfahren der Meldung nach Artikel 24 Absatz 6 der Verordnung (EG) Nr. 767/2009 vom 15. September 2010 (BAnz. – amtlicher Teil – Nr. 144 vom 23. September 2010, S. 3234)*

- Identifizierungsnummer,
- Gruppenbezeichnung,
- Datum der Mitteilung und
- Beschreibung.

Verwendung von ehemaligen Lebensmitteln als Futtermittel

Lebensmittel, die nicht mehr für den menschlichen Verzehr bestimmt sind (ehemalige Lebensmittel), werden im Sinne der Kreislaufwirtschaft soweit möglich als Futtermittel verwertet. Für die Verwendung von ehemaligen Lebensmitteln pflanzlicher und tierischer Herkunft müssen dabei unterschiedliche Vorschriften beachtet werden. Die Europäische Kommission hat diese Bestimmungen in *»Leitlinien für die Nutzung von Lebensmitteln, die nicht mehr für den menschlichen Verzehr bestimmt sind, als Futtermittel«*[1] zusammengefasst Insbesondere ist darauf hinzuweisen, dass bei verpackten Lebensmitteln die Verpackung vor der Verwendung als Futtermittel entfernt werden muss. Deshalb müssen ehemalige Lebensmittel, die zur Verwendung als Futtermittel vorgesehen sind, bei denen aber die Verpackungen noch zu entfernen sind, besonders gekennzeichnet werden.

Ehemalige Lebensmittel

»Ehemalige Lebensmittel« sind Lebensmittel, ausgenommen wiederverwertbare Reste aus der Speisenzubereitung (Catering-Rückfluss), die in völliger Übereinstimmung mit dem EU-Lebensmittelrecht für den menschlichen Verzehr hergestellt wurden, aber aus praktischen oder logistischen Gründen oder wegen Problemen bei der Herstellung oder wegen Mängeln der Verpackung oder sonstiger Art nicht mehr für diesen Zweck bestimmt sind, und bei einer Verwendung als Futtermittel kein Gesundheitsrisiko bergen.«[2]

Genetisch veränderte Futtermittel

Genetisch veränderte Organismen (GVO) sind Organismen, deren genetischer Code durch Anwendung biotechnologischer Verfahren verändert wurde. Das Genmaterial wird dabei mit dem Ziel verändert, dem Organismus neue Eigenschaften zu verleihen (z. B. Verbesserung der Widerstandsfähigkeit gegen

Tab. 4-3: Beispiel: Eintragung in das Register der Einzelfuttermittel

Name des Einzelfuttermittels	Sprache	ID-Nummer	Datum der Mitteilung	Beschreibung
Kartoffelfaser	DE	005893-DE	2015-09-24	Potato fiber: Non-soluble vegetal fiber made from crushed, dried potato.
Weizennachmehl	DE	004301-DE	2013-12-06	Nebenerzeugnis, das bei der Herstellung von Mehl aus gereinigtem Weizen anfällt und im Wesentlichen aus Teilen des Mehlkörpers, Schalenteilen und wenigen sonstigen Kornbestandteilen besteht.

[1] *Bekanntmachung 2018/C 133/02 der Kommission: Leitlinien für die Nutzung von Lebensmitteln, die nicht mehr für den menschlichen Verzehr bestimmt sind, als Futtermittel (ABl. C 133 vom 16.4.2018, S. 2)*
[2] *Anhang Teil A Nr. 3 der Verordnung (EU) Nr. 68/2013*

Krankheiten, Insekten oder Dürre, Resistenzen gegen Herbizide, Erhöhung der Produktivität, Verbesserung von Qualität und Nährwert).

Die Zulassung, das Inverkehrbringen, die Rückverfolgbarkeit und die Kennzeichnung von genetisch veränderten Futtermitteln sind in der Verordnung (EG) Nr. 1829/2003[1] und der Verordnung (EG) Nr. 1830/2003[2] geregelt. Die EU verfolgt dabei eine Vorsorgestrategie. Genetisch veränderte Futtermittel dürfen daher erst nach Erteilung einer Zulassung in den Verkehr gebracht werden. Damit soll ein hohes Schutzniveau für die Gesundheit von Mensch und Tier und die Umwelt gewährleistet werden. Die Risikobewertung wird von der Europäischen Behörde für Lebensmittelsicherheit (EFSA) in Zusammenarbeit mit den wissenschaftlichen Einrichtungen und den Umweltbehörden der Mitgliedstaaten durchgeführt.

Futtermittel, die aus GVO bestehen, diese enthalten oder daraus hergestellt werden, werden als genetisch veränderte Futtermittel bezeichnet. Nicht zu den GVO im Sinne der hier betrachteten Rechtsvorschriften gehören Einzelfuttermittel und Futtermittelzusatztsoffe, die unter Verwendung oder mit Hilfe von genetisch veränderten Organismen hergestellt wurden (z. B. Enzyme, Vitamine, Aminosäuren, die mit Mikroorganismen hergestellt wurden, selbst aber keine genetisch veränderten Organismen enthalten).

Die Regelungen über genetisch veränderte Futtermittel gelten sowohl für Futtermittel für Tiere, die der Lebensmittelgewinnung dienen, als auch für Futtermittel für Tiere, die nicht der Lebensmittelgewinnung dienen, wie zum Beispiel Heimtiere.

Futtermittelunternehmer, die genetisch veränderte Futtermittel herstellen oder in den Verkehr bringen, müssen die Anforderungen an die Rückverfolgbarkeit und die Kennzeichnung erfüllen. Mit der Kennzeichnung von GVO soll gewährleistet werden, dass die Verbraucherinnen und Verbraucher informiert sind und auf dieser Grundlage ihre Entscheidungen treffen können.

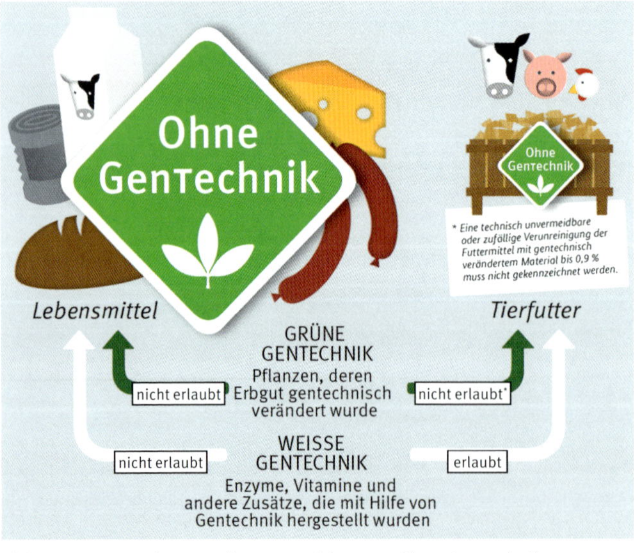

Abb. 4-10: Die Bedeutung der Kennzeichnung »Ohne Gentechnik«

Futtermittel, die GVO enthalten, daraus bestehen oder daraus hergestellt wurden, müssen als genetisch veränderte Futtermittel gekenn-

[1] ABl. L 268 vom 18. Oktober 2003, S. 1
[2] ABl. L 268 vom 18. Oktober 2003, S. 24

zeichnet werden, außer wenn der Anteil an genetisch verändertem Material aus unbeabsichtigten, zufälligen und technisch nicht vermeidbaren Verunreinigungen nicht mehr als 0,9 % des Futtermittels beträgt.

Futtermittel dürfen als »gentechnikfrei« gekennzeichnet werden, wenn die Verbraucherinnen und Verbraucher dadurch nicht irregeführt werden. In Deutschland wurde eine Regelung für die Kennzeichnung »gentechnikfreier« Lebensmittel eingeführt. Bedingung für die Kennzeichnung von Lebensmitteln tierischer Herkunft mit dem Hinweis »ohne Gentechnik« ist, dass diese Lebensmittel von Tieren gewonnen werden, die über einen bestimmten Zeitraum nicht mit Futtermitteln, einschließlich selbst erzeugter Futtermittel, gefüttert worden sind, die nach den EU-Vorschriften als genetisch veränderte Futtermittel zu kennzeichnen sind oder zu kennzeichnen wären. Für die Kennzeichnung von Futtermitteln als »gentechnikfrei« gibt es keine Vorschriften. In der Praxis kann man sich dabei aber an den Regelungen für die Kennzeichnung von Lebensmitteln »ohne Gentechnik« orientieren.

In Deutschland ist das Bundesamt für Verbraucherschutz und Lebensmittelsicherheit (BVL) die zuständige Behörde für die Antragstellung auf Zulassung von GVO und für das »Biosafety-Clearing-House« (Internetplattform, die von den Vertragsparteien des Cartagena Protokolls zur Informationsbereitstellung über GVO genutzt wird). Das BVL stellt der Öffentlichkeit Informationen zur Gentechnik zur Verfügung. Dies sind zum Beispiel die geltenden Vorschriften des Gentechnikrechts und Entscheidungen über Freisetzungsvorhaben in Deutschland einschließlich der Zusammenfassungen der Risikobewertungen, die diesen Entscheidungen zu Grunde liegen.

► **Weitere Informationen**
Leitfaden zur Kontrolle von GVO in Futtermitteln

www.bvl.bund.de

Ökologisch erzeugte Futtermittel

Ökologisch erzeugte Futtermittel werden auf der Grundlage des ökologischen Landbaus erzeugt. In den EU-Rechtsvorschriften für den ökologischen Landbau werden die Anforderungen an die Erzeugung und Herstellung landwirtschaftlicher Erzeugnisse, einschließlich Futtermittel, festgelegt, die als »ökologisch« gekennzeichnet werden dürfen.

Die wesentlichen EU-Rechtsverordnungen für den ökologischen Landbau sind:

- Verordnung (EG) Nr. 834/2007 des Rates vom 28. Juni 2007 über die ökologische/biologische Produktion und die Kennzeichnung von ökologischen/biologischen Erzeugnissen und zur Aufhebung der Verordnung (EWG) Nr. 2092/91,

- Durchführungsverordnung (EG) Nr. 889/2008 mit Durchführungsvorschriften zur Verordnung (EG) Nr. 834/2007 des Rates über die ökologische/biologische Produktion und die Kennzeichnung von ökologischen/biologischen Erzeugnissen hinsichtlich der ökologischen/biologischen Produktion, Kennzeichnung und Kontrolle,

Abb. 4-11: Das deutsche staatliche Bio-Siegel (links) ergänzt das verpflichtend anzugebene EU-Bio-Logo (rechts).

- Verordnung (EG) Nr. 1235/2008 der Kommission vom 8. Dezember 2008 mit Durchführungsvorschriften zur Verordnung (EG) Nr. 834/2007 des Rates hinsichtlich der Regelung der Einfuhren von ökologischen/biologischen Erzeugnissen aus Drittländern.

Ab 2022 gelten neue EU Rechtsvorschriften für ökologische Erzeugnisse. Die Verordnung (EU) 2018/848 des Europäischen Parlaments und des Rates vom 30. Mai 2018 über die ökologische/biologische Produktion und die Kennzeichnung von ökologischen/biologischen Erzeugnissen sowie zur Aufhebung der Verordnung (EG) Nr. 834/2007 des Rates gilt als neue EU-Ökobasisverordnung ab dem 1. Januar 2022. Die ergänzenden Regelungen zur Durchführung der EU-Ökobasisverordnung sollen bis zu diesem Zeitpunkt verabschiedet werden. Mit der Neuregelung, werden im Hinblick auf Futtermittel die wesentlichen Elemente der bisherigen Regelung fortgeführt.

► **Weitere Informationen**
Bundesministerium für Ernährung und Landwirtschaft (BMEL)

www.bmel.de

Neben den allgemeinen Grundsätzen der ökologischen Produktion gelten für die Herstellung ökologisch erzeugter Futtermittel unter anderem folgende zusätzlichen Bedingungen:

- Ökologische Futtermittel dürfen nur aus ökologischer Produktion hergestellt werden, es sei denn, ein bestimmtes Futtermittel ist auf dem Markt nicht als ökologisches Erzeugnis erhältlich.
- Die Verwendung von Futtermittelzusatzstoffen und Verarbeitungshilfsstoffen ist auf ein Minimum zu beschränken, außer wenn ihre Verwendung aus technologischen oder zootechnischen Gründen erforderlich ist oder einem besonderen Ernährungszweck dient.

- Die Herstellungsverfahren dürfen die Verwender der Futtermittel hinsichtlich deren Beschaffenheit nicht irreführen.
- Futtermittel müssen sorgfältig und vorzugsweise unter Anwendung von biologischen und mechanisch-physikalischen Methoden verarbeitet werden.

Darüber hinaus gelten für die Fütterung von Tieren der ökologischen Produktion bestimmte Verbote und Beschränkungen im Hinblick auf die Verwendung von Einzelfuttermitteln und Futtermittelzusatzstoffen.

Ökologisch erzeugte Futtermittel müssen die allgemein geltenden Vorschriften des Futtermittelrechts erfüllen und werden im Rahmen der amtlichen Kontrollen überprüft. Futtermittel, die als »Öko-Futtermittel« ausgelobt werden, müssen zusätzlich das nach den EU-Rechtsvorschriften für den ökologischen Landbau vorgesehene Kontrollverfahren durchlaufen. In Deutschland kontrollieren private Kontrollstellen die Einhaltung der EU-Rechtsvorschriften für den ökologischen Landbau. Zu diesem Zweck wird zwischen dem Unternehmen und der Kontrollstelle ein Kontrollvertrag geschlossen. Die Unternehmen verpflichten sich damit, die EU-Rechtsvorschriften für den ökologischen Landbau einzuhalten, und stimmen dem Standardkontrollprogramm der Kontrollstelle zu.

5 Unerwünschte Stoffe in Futtermitteln

Nach der sogenannten Dioxinkrise 1999 hat die Europäische Union zahlreiche Änderungen an den europäischen Vorschriften über unerwünschte Stoffe vorgenommen, um die Lebensmittelsicherheit zu erhöhen und so die Gesundheit von Mensch und Tier sowie die Umwelt besser zu schützen. Die Anforderungen im Hinblick auf unerwünschte Stoffe in Futtermitteln sind in der Richtlinie 2002/32/EG festgelegt. Die Regelungen der Richtlinie 2002/32/EG sind im LFGB und in der FMV in nationales Recht umgesetzt.

Mit der **Richtlinie 2002/32/EG des Europäischen Parlaments und des Rates vom 7. Mai 2002 über unerwünschte Stoffe in der Tierernährung** legt die Europäische Union Höchstgehalte für unerwünschte Stoffe in der Tierernährung fest. Damit sollen die Risiken als Folge der Kontamination von Futtermitteln durch Stoffe und Erzeugnisse begrenzt werden, die die tierische Gesundheit beeinträchtigen können, in Lebensmittel tierischen Ursprungs übergehen und dadurch die menschliche Gesundheit beeinträchtigen können, sowie schädliche Auswirkungen auf die Leistung der Tiere oder auf die Umwelt haben können.

Die Verordnung gilt unbeschadet der Verordnung (EG) Nr. 396/2005 über Höchstgehalte an Pestizidrückständen in oder auf Lebens- und Futtermitteln pflanzlichen und tierischen Ursprungs und zur Änderung der Richtlinie 91/414/EWG. Die Vorschriften der Richtlinie 2002/32/EG haben zudem Vorrang vor den Bestimmungen der Verordnung (EG) Nr. 396/2005. Sofern also in beiden vorgenannten Rechtsakten Regelungen für einen Stoff getroffen werden, die nach der Stoff-Systematik den Pflanzenschutzmitteln zuzuordnen wären, gilt die Regelung über unerwünschte Stoffe. Beispiele hierfür sind die unter der Überschrift Umweltkontaminanten in Anhang I der Richtlinie 2002/32/EG aufgeführten persistenten chlorierten Kohlenwasserstoffe.

Unerwünschte Stoffe in Futtermitteln sind grundsätzlich alle Stoffe (ausgenommen Krankheitserreger), die eine potenzielle Gefahr für die Gesundheit von Mensch oder Tier oder für die Umwelt darstellen oder die tierische Erzeugung beeinträchtigen können. In der Richtlinie sind jedoch nicht für alle denkbaren unerwünschten Stoffe Höchstgehalte festgesetzt, sondern nur für solche von allgemeiner Bedeutung, wie zum Bei-

Unerwünschte Stoffe

»Stoffe oder Erzeugnisse, mit Ausnahme von Krankheitserregern, die in oder auf einem Erzeugnis vorhanden sind und eine potenzielle Gefahr für die Gesundheit von Mensch oder Tier oder für die Umwelt darstellen oder die tierische Erzeugung beeinträchtigen können«[1]

---

[1] *Artikel 2 Buchstabe l der Richtlinie 2002/32/EG*

spiel für Arsen, Blei, Cadmium, Quecksilber, Dioxine, persistente chlorierte Kohlenwasserstoffe, Aflatoxin B_1 oder auch giftige Inhaltsstoffe von Pflanzen, Früchten und Saaten.

Die Bestimmungen der Richtlinie 2002/32/EG gelten für alle zur Tierernährung bestimmten Erzeugnisse. Damit sind alle Futtermittelarten, wie Einzelfuttermittel, Mischfuttermittel, Futtermittelzusatzstoffe und Vormischungen erfasst. Abweichungen von den Richtlinienbestimmungen sind nicht zulässig. Allerdings können die Mitgliedstaaten vorübergehend strengere Vorschriften erlassen und die in der Richtlinie aufgeführten Höchstgehalte herabsetzen, wenn eine Gefahr für die Gesundheit von Mensch oder Tier oder für die Umwelt besteht. Sie müssen dies dann unverzüglich der Europäischen Kommission und den anderen Mitgliedstaaten mitteilen und begründen. Die Europäische Kommission prüft die vorgelegten Gründe und initiiert entweder eine Anpassung der Gemeinschaftsvorschriften oder fordert den Mitgliedstaat ggfls. auf, seine abweichende Maßnahme zurückzunehmen.

Die Richtlinie enthält in ihrem Anhang I ein Verzeichnis unerwünschter Stoffe und Erzeugnisse, für die Höchstgehalte in und auf Futtermitteln festgesetzt sind. Diese Höchstgehalte dürfen weder beim Inverkehrbringen der Futtermittel noch bei deren Verwendung zur Herstellung von Futtermitteln oder zur Verfütterung überschritten werden. Das Verzeichnis der unerwünschten Stoffe und Erzeugnisse sowie die Höchstgehalte werden unter Berücksichtigung neuer Erkenntnisse und des technischen Fortschritts regelmäßig aktualisiert.

Im Anhang II sind Aktionsgrenzwerte (gegenwärtig nur für Dioxine/Furane und dioxinähnliche PCB) festgelegt, bei deren Überschreiten die Futtermittel noch weiterhin in den Verkehr gebracht oder verwendet werden dürfen. Allerdings muss der Futtermittelunternehmer eine Überschreitung des Aktionsgrenzwertes der Behörde mitteilen. Die Wirtschaftsbeteiligten müssen außerdem in Zusammenarbeit mit den Behörden Untersuchungen durchführen, um die Ursachen für das Vorhandensein des unerwünschten Stoffes zu ermitteln und Maßnahmen zu seiner Beseitigung oder Verringerung ergreifen.

Abb. 5-1: Die Sicherstellung, dass in Futtermitteln keine unerwünschten Stoffe enthalten sind, ist eine der zentralen Aufgaben der Rückstandsanalytik im Rahmen des betrieblichen Qualitätsmanagement.

Sicherheitskonzept

1. In die Regelungen über unerwünschte Stoffe und Erzeugnisse sind sowohl

Einzel- und Mischfuttermittel als auch Futtermittelzusatzstoffe und Vormischungen sowie alle anderen in der Tierernährung verwendeten Erzeugnisse eingebunden.

2. Es werden Höchstgehalte für einzelne Futtermittelarten, wie Einzelfuttermittel, Ergänzungsfuttermittel, Mischfuttermittel, Zusatzstoffe oder Vormischungen festgelegt. Der Höchstgehalt für Alleinfuttermittel gilt als Höchstgehalt für den jeweiligen unerwünschten Stoff in der Tagesration.
3. Futtermittelpartien mit höheren Gehalten an unerwünschten Stoffen als im Anhang I der Richtlinie 2002/32/EG festgelegt, dürfen nicht in den Verkehr gebracht und nicht mit anderen Partien von Futtermitteln der gleichen Art zum Zweck der Verdünnung gemischt werden (sog. Verschneiden). Auch die Verwendung von Einzelfuttermitteln oder Futtermittelzusatzstoffen mit überhöhten Gehalten an unerwünschten Stoffen zur Herstellung von Mischfuttermitteln oder die direkte Verfütterung zu hoch belasteter Futtermittel ist verboten.
4. Die zuständigen Behörden sind verpflichtet, bei Überschreitungen von Höchstgehalten oder bei erhöhten Gehalten an unerwünschten Stoffen in Zusammenarbeit mit den Wirtschaftsbeteiligten die Ursachen zu ermitteln. Damit sollen das Vorhandensein von unerwünschten Stoffen verringert und – wenn möglich – die Ursachen beseitigt werden.
5. Die Verpflichtung zur Ursachenaufklärung wird durch die »Aktionsgrenzwerte« in Anhang II der Richtlinie 2002/32/EG ergänzt. Die Aktionsgrenzwerte werden unterhalb von gesetzlich festgelegten Höchstgehalten festgesetzt. Aktionsgrenzwerte können grundsätzlich auch für unerwünschte Stoffe festgelegt werden, für die keine Höchstgehalte gelten. Sie dienen als Auslöseschwelle für Maßnahmen zur Durchführung der Ursachenforschung und -beseitigung im Sinne der Minimierungsstrategie. Futtermittel, bei denen der Aktionsgrenzwert überschritten ist, dürfen noch uneingeschränkt in den Verkehr gebracht und verwendet werden, sofern der festgesetzte Höchstgehalt nicht überschritten ist.
6. Grundsätzlich ist es zulässig, einen Mangel eines Futtermittels im Hinblick auf den Gehalt eines unerwünschten Stoffes durch geeignete Verfahren wie Reinigung oder Entgiftung zu beseitigen. Entgiftungsverfahren müssen gemäß der Verordnung (EU) 2015/786 zur Festlegung von Kriterien für die Zulässigkeit von Entgiftungsverfahren, denen zur Tierernährung bestimmte Erzeugnisse unterzogen werden, gemäß der Richtlinie 2002/32/EG von der EFSA hinsichtlich ihrer Sicherheit und Wirksamkeit bewertet werden und die Betriebe, die solche Verfahren anwenden, müssen von der zuständigen Behörde zugelassen sein.

Für einfache Reinigungsverfahren genügt die Registrierung nach der Verordnung (EG) Nr. 183/2005. Für die Kennzeichnung von Futtermittelpartien, die zur Entgiftung oder Reinigung vorgesehenen sind, gelten besondere Regelungen gemäß Anhang VIII der Verordnung (EG) Nr. 767/2009.

Höchstgehalte sind für folgende häufig vorkommende unerwünschte Stoffe in Futtermitteln festgelegt:

- **Schwermetalle und andere Verbindungen** (Arsen, Blei, Cadmium, Quecksilber, Fluor, Nitrit, Melamin),
- **Mykotoxine** (Aflatoxin B_1, Mutterkorn),
- **Pflanzeneigene Toxine** (Blausäure, Gossypol, Theobromin, Senföl),
- **Umweltkontaminanten** (Aldrin, Dieldrin, Endrin, Chlordan, Endosulfan, Champhechlor, DDT, HCH, HCB),

Tab. 5-1: Beispiel: Höchstgehalte für Aflatoxin B_1

Unerwünschter Stoff	Zur Tierernährung bestimmte Erzeugnisse	Höchstgehalt in mg/kg (ppm), bezogen auf ein Futtermittel mit einem Feuchtigkeitsgehalt von 12 %
1. Aflatoxin B_1	Futtermittel-Ausgangserzeugnisse,	0,02
	Ergänzungsfuttermittel und Alleinfuttermittel,	0,01
	ausgenommen: – Mischfuttermittel für Milchrinder und Kälber, Milchschafe und Lämmer, Milchziegen und Ziegenlämmer, Ferkel und Junggeflügel	0,005
	– Mischfuttermittel für Rinder (außer Milchrindern und Kälbern), Schafe (außer Milchschafen und Lämmern), Ziegen (außer Milchziegen und Ziegenlämmern), Schweine (außer Ferkeln) und Geflügel (außer Junggeflügel)	0,02

Erläuterung zu Aflatoxin B_1

Aflatoxine sind natürlich vorkommende Pilzgifte und können insbesondere bei unsachgemäßer Lagerung, jedoch auch auf dem Feld entstehen. Die Bildung von Aflatoxinen wird insbesondere durch bestimmte klimatische Bedingungen (Temperatur, Feuchtigkeit) begünstigt. Zu den Produkten mit einem erhöhten Risiko gehören Mais, Erdnüsse, Baumwollsaaten, Palmkerne und Kokosnüsse. Aflatoxine haben bei hohen Konzentrationen akute hepatotoxische Wirkung (Leberdystrophie) und wirken bei geringeren Konzentrationen und vor allem bei wiederholter Aufnahme karzinogen bei Säugetieren, Vögeln und Fischen. Aflatoxin B_1 geht in Milch über und kann dort als Aflatoxin M_1 festgestellt werden. Für Aflatoxin M_1 in Milch gilt ein Höchstgehalt von 50 Nanogramm pro Liter Rohmilch. Da Aflatoxine insbesondere bei der Lagerung gebildet werden, sind gute Lagerbedingungen von besonderer Bedeutung bei der Verringerung der Aflatoxinkontamination. Der Aflatoxingehalt kann durch Reinigungsmaßnahmen (z. B. Aussortierung) oder durch physikalische, chemische oder biologische Dekontaminationsverfahren in bestimmten Grenzen reduziert werden. Für die Bindung von Aflatoxin B_1 im tierischen Verdauungstrakt können zugelassene Futtermittelzusatzstoffe verwendet werden, sofern diese Futtermittel die futtermittelrechtlich festgelegten Höchstgehalte nicht überschreiten.

- **Dioxine und PCB** (PCDD/F, dioxinähnliche PCB, nicht dioxinähnliche PCB),
- Schädliche **botanische Verunreinigungen** (Unkrautsamen und Früchte, die Alkaloide, Glucosinolate oder andere giftige Stoffe enthalten (*Datura sp.*, *Crotalaria* spp., Rizinus und andere, Bittermandel, Buchecker, Purgierstrauch, bestimmte Senfarten, Ambrosiasamen),
- **Rückstände von Kokzidiostatika** als Folge einer Verschleppung bei der Herstellung von Futtermitteln.

Eintragsquellen und Minderungsmaßnahmen

Eintragsquellen für unerwünschte Stoffe können luftgetragene Emissionen, geogene Quellen oder Belastungen des Wassers sein. Darüber hinaus sind acker- und pflanzenbauliche Einträge über Pflanzenschutzmittel, Düngemittel oder Wirtschaftsdünger möglich. Unerwünschte Stoffe können aber auch bei der Herstellung und Verarbeitung von Futtermitteln entstehen sowie durch Rohstoffe, Verarbeitungshilfstoffe oder bei der Herstellung, der Lagerung oder dem Transport von Futtermitteln oder Futtermittelzusatzstoffen eingetragen werden.

Ein Sonderfall ist der Eintrag von Dioxinen oder anderen unerwünschten Stoffen, die bei der direkten Trocknung entstehen können, und in das als Futtermittel verwendete Trockengut eingetragen werden. Daher sind Betriebe, die Grünfuttermittel oder Lebensmittelreste zum Zweck einer Verwendung als Futtermittel nach dem Prinzip der Direkttrocknung trocknen gemäß § 17 FMV aus Vorsorgegründen zulassungspflichtig und müssen die besonderen Anforderungen gemäß § 18 i. V. m. Anlage 4 und § 19 FMV erfüllen.

Der Eintrag unerwünschter Stoffe in die Futtermittelkette kann durch unterschiedliche Maßnahmen verringert werden. Beispiele hierfür sind:

Abb. 5-2: Partielle Taubährigkeit bei Winterweizen, der von *Fusarium graminearum* befallen ist. Der Pilz bildet giftige Substanzen, Mykotoxine genannt, die im Erntegut nachgewiesen werden können.

- Verringerung des Eintrags solcher Stoffe in den Boden durch Düngemittel (insbesondere Düngephosphate), Klärschlamm oder Abwässer,
- gute landwirtschaftliche Praxis, insbesondere im Hinblick auf acker- und pflanzenbauliche Maßnahmen bei der Futterwerbung in Belastungsgebieten (Verschmutzung) und durch gute Lagerungsbedingungen,
- Vermeidung von Kontaminationen bei Transportvorgängen,
- Auswahl geeigneter Rohstoffe, Einzelfuttermittel oder Futtermittelzusatzstoffe,
- Verzicht auf risikobehaftete Futterkomponenten,
- optimierte Futtermittelherstellungsverfahren, einschließlich Vermeidung von Verschleppungen,
- sachgerechte Futterzubereitung und Fütterung,
- Reinigung (mechanische Bearbeitung, Waschen, Extrahieren) oder durch physikalische, chemische oder biologische Dekontaminationsverfahren.

Zur Unterstützung der Futtermittelunternehmer hat die Europäische Kommission eine Reihe von Empfehlungen mit Maßnahmen zur Verringerung der Gehalte an bestimmten unerwünschten Stoffen in Futtermitteln veröffentlicht.

Die Arbeitsgruppe »Carry over unerwünschter Stoffe in Futtermitteln« beim BMEL hat ergänzend zu den Empfehlungen der Europäischen Kommission eine Stellungnahme zu Ergotalkaloiden (toxische Stoffe in Mutterkornsklerotien) in Futtermitteln veröffentlicht und vorläufige Orientierungswerte für kritische Konzentrationen von Gesamt-Ergotalkaloiden in der täglichen Ration landwirtschaftlicher Nutztiere abgeleitet.

Das BMEL hat darüber hinaus ein Merkblatt über die Vermeidung des Vorkommens von Hydroxymethylfurfural (HMF) in Futtermitteln für Honigbienen veröffentlicht.

▶ Weitere Informationen

Orientierungswerte für Ergotalkaloide

www.bmel.de

Merkblatt zur Vermeidung von HMF

www.bmel.de

Tab. 5-2: Übersicht über Empfehlungen zu Mykotoxinen in Futtermitteln

Empfehlung	Ansatzpunkt und Zielsetzung der Empfehlung
Empfehlung 2006/576/EG der Kommission vom 17. August 2006 betreffend das Vorhandensein von **Deoxynivalenol, Zearalenon, Ochratroxin A, T-2- und HT-2-Toxin sowie von Fumonisinen** in zur Verfütterung an Tiere bestimmten Erzeugnissen *(ABl. L 229 vom 23.8.2006, S. 7)*	Die Behörden sollen in Zusammenarbeit mit den Futtermittelunternehmern das Vorhandensein der Mykotoxine Deoxynivalenol, Zearalenon, Ochratroxin A, T-2- und HT-2-Toxin sowie von Fumonisinen in Futtermitteln überwachen. Für die genannten Mykotoxine in Futtermitteln werden Richtwerte empfohlen, die von den Futtermittelunternehmern im Rahmen des betrieblichen HACCP-Systems angewendet werden sollen.
Empfehlung 2006/583/EG der Kommission vom 17. August 2006 zu **Prävention und Reduzierung von Fusarientoxinen** in Getreide und Getreideprodukten *(ABl. L 234 vom 29. 8. 2006, S. 35)*	Die Unternehmen in der Getreideherstellungskette sollen Maßnahmen zur Prävention und Reduzierung von Fusarientoxinen im Rahmen der guten landwirtschaftliche Praxis und der guten Herstellungspraxis anwenden (Fruchtfolgegestaltung, Sortenwahl, Anbauplanung, Boden und Anbaumanagement, Ernte sowie Trocknung, Lagerung und Transport).
Empfehlung 2012/154/EU der Kommission vom 15. März 2012 zum **Monitoring von Mutterkorn-Alkaloiden** in Futtermitteln und Lebensmitteln *(ABl. L 77 vom 16.3.2012, S. 20)*	Die Behörden sollen in Zusammenarbeit mit den Futtermittelunternehmern das Vorhandensein von Mutterkornalkaloiden in Getreide und Getreideerzeugnissen, in Weide- und Futtergräsern sowie in Mischfuttermitteln überwachen. Bei der Untersuchung sollen neben der Bestimmung des Anteils an Sklerotien 6 Mutterkornalkaloide analysiert werden. Durch diese Untersuchungen sollen die Kenntnisse über die Belastung der Futtermittel mit Mutterkornalkaloiden verbessert, eine bessere Beurteilung des toxischen Potenzials dieser Alkaloide ermöglicht und im Ergebnis eine hieran orientierte solidere Basis für die Festsetzung von Höchstgehalten geschaffen werden.
Empfehlung 2013/165/EU der Kommission vom 27. März 2013 über das **Vorhandensein der Toxine T-2 und HT-2** in Getreiden und Getreideerzeugnissen *(ABl. L 91 vom 3.4.2013, S. 12)*	Die Behörden sollen in Zusammenarbeit mit den Futtermittelunternehmern das Vorhandensein der Mykotoxine T-2 und HT-2 in Getreide und Getreideerzeugnissen überwachen. Zu diesem Zweck werden für die genannten Mykotoxine in Futtermitteln Richtwerte empfohlen. Die Behörden sollen in Zusammenarbeit mit den Futtermittelunternehmern die ursächlichen Faktoren für das Überschreiten der Richtwerte ermitteln und Maßnahmen zur Vermeidung und Verringerung festlegen.
Empfehlung 2013/711/EU der Kommission vom 3. Dezember 2013 zur Reduzierung des Anteils von **Dioxinen, Furanen und PCB** in Futtermitteln und Lebensmitteln *(ABl. L 323 vom 4.12.2013, S. 37)*	Die Behörden sollen das Vorhandensein von Dioxinen/Furanen und PCB in Futtermitteln (insbesondere auch getrocknete Kräuter) anhand von repräsentativen Stichproben überwachen. Bei Überschreitung der Aktionsgrenzwerte sollen die Behörden Untersuchungen zur Ermittlung der Kontaminationsquellen einleiten und Maßnahmen zu deren Beschränkung oder Beseitigung einleiten.

6 Pestizidrückstände

Die Anforderungen an Lebensmittel und Futtermittel im Hinblick auf den Gehalt an Rückständen von Pflanzenschutzmitteln sind in der Verordnung (EG) Nr. 396/2005 festgelegt.

Die **Verordnung (EG) Nr. 396/2005 des Europäischen Parlaments und des Rates vom 23. Februar 2005 über Höchstgehalte an Pestizidrückständen in oder auf Lebens- und Futtermitteln pflanzlichen und tierischen Ursprungs und zur Änderung der Richtlinie 91/414/EWG**[1] dient dem Schutz der öffentlichen Gesundheit und der Gewährleistung des Funktionierens des Binnenmarkts sowie des Handels mit Drittländern. Im Interesse des freien Warenverkehrs, gleicher Wettbewerbsbedingungen für alle Mitgliedstaaten und eines hohen Verbraucherschutzniveaus werden Rückstandshöchstgehalte für Lebensmittel und Futtermittel unter Berücksichtigung der guten Agrarpraxis bei der Anwendung von Pflanzenschutzmitteln festgesetzt.

Anwendungsbereich für Futtermittel

Die Verordnung gilt nur für

- die im Anhang I der Verordnung aufgeführten Erzeugnisse pflanzlichen oder tierischen Ursprungs, die als Futtermittel verwendet werden,
- die Verwendung dieser Erzeugnisse frisch oder verarbeitet (Einzelfuttermittel),
- die Verwendung dieser Erzeugnisse in zusammengesetzten Erzeugnissen (Mischfuttermittel).

Die Verordnung gilt unbeschadet der Richtlinie 2002/32/EG.

In den Anhängen II und III der Verordnung sind die Rückstandshöchstgehalte aufgeführt. In Anhang IV der Verordnung sind die Wirkstoffe aufgeführt, für die die Festlegung von Rückstandshöchstgehalten nicht erforderlich ist.

Die in Anhang I der Verordnung aufgeführten Erzeugnisse dürfen ab dem Zeitpunkt ihres Inverkehrbringens als Futtermittel bzw. ihrer Ver-

Pestizidrückstände

»Rückstände, auch von derzeit oder früher in Pflanzenschutzmitteln im Sinne von Artikel 2 Nummer 1 der Richtlinie 91/414/EWG[2] verwendeten Wirkstoffen und ihren Stoffwechsel- und/oder Abbau- bzw. Reaktionsprodukten, die in oder auf den unter Anhang I dieser Verordnung fallenden Erzeugnissen vorhanden sind, darunter auch insbesondere die Rückstände, die von der Verwendung im Pflanzenschutz, in der Veterinärmedizin und als Biozidprodukt herrühren können.«[3]

► **Weitere Informationen**
EU-Pesticides database

ec.europa.eu

---

[1] ABl. L 70 vom 16. März 2005, S. 1

[2] Die Richtlinie 91/414/EWG des Rates vom 15. Juli 1991 über das Inverkehrbringen von Pflanzenschutzmitteln wurde mit der Verordnung (EG) Nr. 1107/2009 aufgehoben.

[3] Artikel 3 Absatz2 Buchstabe c der Verordnung (EG) Nr. 396/2005

fütterung an Tiere die in den Anhängen II und III der Pestizidverordnung festgelegten Rückstandshöchstgehalte nicht überschreiten. Die Rückstandshöchstgehalte sind in einer EU-Datenbank im Internet abrufbar.

Rückstände von Pestiziden in Futtermitteln werden im Rahmen der amtlichen Kontrolle überwacht. 2018 wurden bei 1 371 Proben 129 668 Untersuchungen auf Rückstände von Pestiziden durchgeführt. Nur 9 Proben wurden wegen Überschreitung der Höchstgehalte beanstandet. Die Beanstandungen betreffen insbesondere Rückstände von Vorratsschutzmitteln, die als Folge von Verschleppungen bei der Lagerung oder dem Transport von Futtermitteln vorhanden sein können.

Anwendung der Höchstgehalte

Erzeugnisse, in denen die festgelegten Rückstandshöchstgehalte überschritten sind, dürfen nicht zu Futtermitteln verarbeitet oder zu Verdünnungszwecken mit dem gleichen Erzeugnis oder mit anderen Erzeugnissen gemischt werden. Für verarbeitete oder zusammengesetzte Futtermittel gelten – sofern keine spezifischen Rückstandshöchstgehalte dafür festgelegt sind – die Rückstandshöchstgehalte für die in Anhang I aufgeführten Erzeugnisse unter Berücksichtigung der durch die Verarbeitung oder das Mischen bewirkten Veränderung der Pestizidrückstandsgehalte. Je nach Art des Wirkstoffes und Art des Futtermittels kann es dabei zu An- oder Abreicherungen kommen.

Um eine einheitliche Anwendung des An- und Abreicherungsprinzips zu fördern, kann die Europäische Kommission An- und Abreicherungsfaktoren

Abb. 6-1: Landwirtschaftliche Nutzpflanzen werden in Teilen (z. B. Getreidekörner) oder vollständig (z. B. Futterrüben) an Tiere verfüttert. Sind diese Pflanzen zuvor mit Pflanzenschutzmitteln behandelt worden, können im Futter unter Umständen Pflanzenschutzmittel-Rückstände vorhanden sein.

für Verarbeitungs- oder Mischungsverfahren oder für verarbeitete oder zusammengesetzte Erzeugnisse festlegen. Diese werden im Anhang VI der Pestizidverordnung aufgeführt.

Zur Unterstützung der einheitlichen Anwendung und Durchführung der An- und Abreicherungsregel in Deutschland hat das Bundesinstitut für Risikoforschung (BfR) eine Datensammlung zur Auswahl von Faktoren für einige Verarbeitungsprozesse für Pflanzenschutzmittelrückstände in verarbeiteten Lebensmitteln und Futtermitteln zur Verfügung gestellt.

Sofern für einzelne Erzeugnisse kein spezifischer Rückstandshöchstgehalt festgelegt ist oder der Wirkstoff nicht im Anhang IV (Katalog der Wirkstoffe, für die kein Höchstgehalt erforderlich ist) aufgeführt ist, darf der Pestizidrückstand den Standardwert von 0,01 mg/kg nicht überschreiten, es sei denn, es ist im Anhang V ein abweichender Wert festgelegt.

Im Übrigen können Mitgliedstaaten in besonderen Ausnahmefällen (Sofortmaßnahmen zum Schutz der Gemeinschaft gegen die Einschleppung und Ausbreitung von Schadorganismen) das Inverkehrbringen und die Verwendung von behandelten Futtermitteln zulassen, wenn kein unannehmbares Risiko damit verbunden ist.

▸ Weitere Informationen
BfR-Datensammlung zu Verarbeitungsfaktoren für Pestizidrückstände

www.bfr.bund.de

Beispiel für die Anwendung von An- und Abreicherungsfaktoren bei der Beurteilung von Analyseergebnissen für Pestizidrückstände

Die Untersuchung einer Partie Weizenkleie ergab 1,00 mg Azoxystrobin/kg. Als Rückstandshöchstgehalt (RHG) ist in Anhang I der Verordnung (EG) Nr. 396/2005 0,5 mg/kg angegeben. In der BfR-Datensammlung zu Verarbeitungsfaktoren für Pflanzenschutzmittel-Rückstände wird für Azoxystrobin für die Verarbeitung von Weizenkörnern zu Weizenkleie ein Anreicherungsfaktor von 2,8 angegeben. Der zulässige RHG für Weizenkleie beträgt demnach 0,5 mg/kg × 2,8 = 1,4 mg/kg. Die Partie Weizenkleie ist daher nicht zu beanstanden.

Rückstände von Begasungsmitteln

Für Rückstände aus der Anwendung von Begasungsmitteln gelten besondere Bestimmungen. Im Anhang VII der Verordnung (EG) Nr. 396/2005 sind die Pestizide (Begasungsmittel) aufgeführt, für die die Mitgliedstaaten höhere Rückstände zulassen können. Das gilt auch für Begasungsmittel unter der Bedingung, dass die Erzeugnisse nicht zum sofortigen Verbrauch bestimmt sind und durch geeignete Kontrollen gewährleistet ist, dass die so behandelten Erzeugnisse erst dann an den Endverbraucher abgegeben werden, wenn die Rückstandshöchstgehalte, die in den Anhängen II und III festgelegt sind, eingehalten werden. In § 10 FMV sind bestimmte Anforderungen an Futtermittel festgelegt, die erhöhte Rückstände von Pestiziden gemäß Anhang VII in Folge der Anwendung von Begasungsmitteln enthalten.

Abb. 6-2: Mit Begasungsmittel können, ohne die befallene Ware bewegen zu müssen, Schadinsekten und Milben abgetötet werden, um den Anforderungen an die Qualität und Schädlingsfreiheit zu genügen. Zu den Eigenschaften der wenigen geeigneten, zugelassenen Gase gehören deren gute Durchdringungsfähigkeit und eine geringe Neigung zur Rückstandsbildung in entwesten Vorräten.

Danach darf ein Futtermittel, das mit einem in Anhang VII genanntem Begasungsmittel nach der Ernte behandelt worden ist und dessen Gehalt an einem dieser Wirkstoffe deshalb den für den Wirkstoff festgelegten Rückstandshöchstgehalt überschreitet

- an einen Betrieb abgegeben werden, der das Futtermittel so behandelt oder verwendet, dass bei der Abgabe des so behandelten oder hergestellten Futtermittels an den Endverwender der Gehalt an dem Wirkstoff den jeweils festgelegten Rückstandshöchstgehalt nicht überschreitet,
- nur abgegeben werden, wenn es unter Angabe der Bezeichnung des Wirkstoffs oder der Wirkstoffe durch folgende Angaben gekennzeichnet ist: »*Futtermittel enthält überhöhte Rückstände an .... (Einsetzen: Bezeichnung des jeweiligen Wirkstoffs oder der jeweiligen Wirkstoffe). Nicht zur Verfütterung abgeben*«.

Als Begasungsmittel sind folgende Pestizide zugelassen (Stand 2020):

Phosphorwasserstoff, Aluminiumphosphid, Magnesiumphosphid zur Anwendung bei Früchten, Gemüse, Hülsenfrüchten, Ölsaaten und Ölfrüchten, Getreide, Tee, Kaffee, Kräutertees und Kakao, Gewürzen. **Sulfurylfluorid** zur Anwendung bei Früchten und Getreide.

7 Futtermittelzusatzstoffe

Die Anforderungen an Futtermittelzusatzstoffe, deren Zulassung, Inverkehrbringen und Verwendung sind in der Verordnung (EG) Nr. 1831/2003 festgelegt.

Mit der **Verordnung (EG) Nr. 1831/2003 des Europäischen Parlaments und des Rates vom 22. September 2003 über Zusatzstoffe zur Verwendung in der Tierernährung** werden ein einheitliches Verfahren für die Zulassung und Verwendung von Futtermittelzusatzstoffen sowie Bestimmungen für die Verwendung und Kennzeichnung von Futtermittelzusatzstoffen und Vormischungen festgelegt.
Voraussetzungen für die Zulassung von Futtermittelzusatzstoffen sind:

- Unschädlichkeit des Stoffes für die Gesundheit von Tier und Mensch sowie für die Umwelt
- Keine Nachteile für den Verbraucher (z. B. durch Beeinträchtigung der Beschaffenheit der tierischen Erzeugnisse oder Irreführung hinsichtlich der Beschaffenheit der tierischen Erzeugnisse)
- Erfüllung mindestens einer Zusatzstofffunktion.

Die Verordnung gilt für alle Futtermittelzusatzstoffe und Vormischungen mit Futtermittelzusatzstoffen.

Was sind Futtermittelzusatzstoffe?

Futtermittelzusatzstoffe

- sind Stoffe, Mikroorganismen oder Zubereitungen, die üblicherweise in kleinen Mengen Futtermitteln oder Wasser beigefügt werden (z. B. Vitamine, Spurenelementverbindungen, Enzyme oder Mikroorganismen),
- müssen zugelassen und in das EU-Register der zugelassenen Futtermittelzusatzstoffe eingetragen sein,
- dienen insbesondere dazu, den Ernährungsbedarf der Tiere zu decken, die Beschaffenheit von Futtermitteln oder tierischen Erzeugnissen positiv zu beeinflussen, die Produktion, die Leistung oder das Wohlbefinden der Tiere zu verbessern oder eine kokzidiostatische oder histomonostatische Wirkung zu erzielen,

Futtermittelzusatzstoffe

»Stoffe, Mikroorganismen oder Zubereitungen, die keine Futtermittel-Ausgangserzeugnisse (Synonym für Einzelfuttermittel) oder Vormischungen sind und bewusst Futtermitteln oder Wasser zugesetzt werden, um insbesondere eine oder mehrere Funktionen ... zu erfüllen«[1], wie Deckung des Ernährungsbedarfs der Tiere, positive Beeinflussung der Beschaffenheit des Futtermittels oder der tierischen Erzeugnisse, der Farbe im Falle von Zierfischen und -vögeln, der ökologischen Folgen der Tierproduktion, der Produktion, Leistung oder des Wohlbefindens der Tiere, Erzielung einer kokzidiostatischen oder histomonostatischen Wirkung[2].

---

[1] *Artikel 2 Absatz 2 Buchstabe a der Verordnung (EG) Nr. 1831/2003*
[2] *Artikel 5 Absatz 3 der Verordnung (EG) Nr. 1831/2003*

- dürfen nicht direkt verfüttert werden, sondern nur als Futtermittelzusatzstoff oder in Form von Vormischungen Einzelfuttermitteln, Mischfuttermitteln oder Wasser beigemischt werden.

Zusatzstofffunktionen

Ein Futtermittelzusatzstoff muss einen positiven Einfluss haben auf:

- die Beschaffenheit des Futtermittels,
- die Beschaffenheit der tierischen Erzeugnisse,
- die Farbe von Zierfischen und -vögeln,
- die ökologischen Folgen der Tierproduktion,
- die Tierproduktion, die Leistung oder das Wohlbefinden der Tiere, insbesondere durch Einwirkung auf die Magen- und Darmflora oder die Verdaulichkeit der Futtermittel.

Weitere Eigenschaften sind

- eine kokzidiostatische oder histomonostatische Wirkung,
- Deckung des Ernährungsbedarfs der Tiere.

Zubereitungen

Zubereitungen sind in die Begriffsbestimmung für Futtermittelzusatzstoffe eingebunden. Hierbei handelt es sich um genau beschriebene Gemische, die in ihrer Zusammensetzung verbindlich in der Zulassungsverordnung für den Zusatzstoff festgelegt werden, oder um Mischungen eines Wirkstoffs mit anderen Stoffen, vorwiegend technologischen Zusatzstoffen, die die Handhabbarkeit und die technologischen Eigenschaften des Zusatzstoffes in Form einer Zubereitung verbessern sollen. In der jeweiligen Zusatzstoffzulassungsverordnung wird festgelegt, ob ein Zusatzstoff in Form einer Zubereitung in den Verkehr gebracht werden darf. Damit unterscheiden sich Zubereitungen im rechtlichen Sinne von Vormischungen, deren Herstellung allein in der Verantwortung des jeweiligen Herstellers oder Inverkehrbringers liegt und deren Zusammensetzung deshalb stark variieren kann.

? Was sind Vormischungen?

Vormischungen sind

- eine Mischung von zwei oder mehreren Futtermittelzusatzstoffen untereinander oder
- eine Mischung eines oder mehrerer Futtermittelzusatzstoffe mit einem oder mehreren Trägerstoffen. Solche Trägerstoffe können Einzelfuttermittel oder Wasser sein.

Der Hersteller einer Vormischung muss beachten, dass die Einmischung von Zusatzstoffen in Vormischungen nur zulässig ist, wenn die chemisch-physikalische und biologische Verträglichkeit des Gemisches im Hinblick auf die angestrebte Wirkung gewährleistet ist.

Vormischungen dürfen ebenso wie Futtermittelzusatzstoffe nicht direkt verfüttert werden, sondern nur in Futtermittel oder Wasser, sofern zugelassen, eingemischt werden.

Vormischung
»Mischung von Futtermittelzusatzstoffen oder Mischung aus einem oder mehreren Futtermittelzusatzstoffen mit Futtermittel-Ausgangserzeugnissen (synonym für Einzelfuttermittel) oder Wasser als Trägern, die nicht für die direkte Verfütterung an Tiere bestimmt sind.«[1)]

Zulassung von Zusatzstoffen

Zusatzstoffe sind zulassungspflichtig und dürfen nur in den Verkehr gebracht oder verwendet werden, wenn

- eine Zulassung durch eine Zulassungsverordnung erfolgt ist und der Zusatzstoff im EU-Register der Futtermittelzusatzstoffe aufgeführt ist und
- die Bedingungen für seine Verwendung gemäß den allgemeinen Vorgaben der Zusatzstoffverordnung und den speziellen Festlegungen in der jeweiligen Zulassungsverordnung eingehalten werden.

Lediglich für wissenschaftliche Versuche kann die zuständige Behörde eines Mitgliedstaats auf Antrag Ausnahmen zulassen, sofern die Ergebnisse der Untersuchungen für eine Antragstellung auf Zulassung eines Stoffes oder Modifikation einer Zulassung verwendet werden sollen.

Die Zulassung eines Zusatzstoffes erfolgt auf Antrag einer natürlichen oder juristischen Person. Der Antragsteller muss nachweisen, dass der Zusatzstoff, für den er den Zulassungsantrag stellt, bestimmte Bedingungen erfüllt. Diese sind:

- der Zusatzstoff muss die *Beschaffenheit der Futtermittel*, denen er zugesetzt wird, oder die *Tierproduktion positiv beeinflussen,*
- der Zusatzstoff darf sich *nicht schädlich auf die Gesundheit von Mensch und Tier oder auf die Umwelt auswirken*,
- der Zusatzstoff darf *keinen Nachteil für den Verbraucher* durch die Beeinträchtigung der Beschaffenheit der tierischen Erzeugnisse mit sich bringen,
- die Darreichungsform des Zusatzstoffs darf *den Verbraucher nicht irreführen.*

Antibiotika, ausgenommen im Falle der Verwendung als Kokzidiostatikum und Histomonostatikum, werden als Futtermittelzusatzstoffe nicht zugelassen.

Bevor eine Genehmigung für das Inverkehrbringen oder die Verwendung von Futtermittelzusatzstoffen erteilt werden kann, ist eine befürwortende Stellungnahme der Europäischen Behörde für Lebensmittelsicherheit (EFSA) erforderlich.

[1)] *Artikel 2 Absatz 2 Buchstabe e der Verordnung (EG) Nr. 1831/2003*

Tab. 7-1: Übersicht zu Eckpunkten des Zulassungsverfahrens in der EU

Zulassungsbehörde	Europäische Kommission
Bewertung der Dossiers	Europäische Lebensmittelbehörde (EFSA); Mitgliedstaaten haben Zugang zum Dossier); Transparenz (Anmeldung von Studien, Dossier und EFSA-Stellungnahme, ausgenommen schutzwürdige Daten, werden veröffentlicht).
Bewertung der Analysemethoden	Gemeinschaftliche Referenzlabor (GRL); gebührenpflichtig; Entgegennahme und Aufbewahrung von Standardproben, Bewertung der vom Antragsteller eingereichten Kontrollmethode.
Zeitrahmen für Prüfung und Zulassung	**EFSA:** Stellungnahme an Kommission 6 Monate nach Antragstellung (plus Zeitdauer für Nachfragen beim Antragsteller und Ergänzungen durch den Antragsteller); darin enthalten 3 Monate für das GRL **Kommission:** Vorlage des Verordnungsentwurfs 3 Monate nach Eingang der Stellungnahme der EFSA[1)] **Stellungnahme des Ständigen Ausschusses:** innerhalb 3 Monaten nach Vorlage des Verordnungsentwurfs Gesamtdauer im Idealfall ca. 12 Monate
Geltungsdauer der Zulassung	Zulassung durch Verordnung gilt für jeweils 10 Jahre[2)]; Anträge auf Wiederzulassung sind jeweils 1 Jahr vor Auslaufen der Zulassung zu stellen.
Register	Zugelassene Zusatzstoffe werden in das EU-Register eingetragen. Das Register hat lediglich die Funktion eines Katalogs; maßgebend für die Zulassung und Verwendung des Zusatzstoffes ist die jeweilige Zulassungsverordnung.

[1)] *Art. 9 Abs. 1 der Verordnung (EG) Nr. 1831/2003*
[1)] *Art. 9 Abs. 8 der Verordnung (EG) Nr. 1831/2003*

Die Zulassung ist bei der Europäischen Kommission zu beantragen, die ihrerseits die Mitgliedstaaten über diese Anträge unterrichtet und diese anschließend an die EFSA weiterleitet. Der Antragsteller muss eine Kopie des Antrags an die EFSA schicken sowie bestimmte Angaben (den Namen und die Anschrift des Antragstellers, eine Beschreibung der Verfahren zur Gewinnung bzw. Herstellung des Zusatzstoffes, eine Beschreibung der vorgesehenen Verwendung des Zusatzstoffes, die vorgeschlagenen Modalitäten für dessen Inverkehrbringen und die Studien über die Sicherheit und die Auswirkungen des Futtermittelzusatzstoffes). Studien, die für einen Zulassungsantrag durchgeführt werden, müssen vorher bei der EFSA in einer Datenbank angemeldet werden. Parallel zum Antrag muss der Antragsteller Proben des Stoffes, für den er die Zulassung beantragt, zur Erstellung eines Analyse-Gutachtens und als Standard-Referenzmaterial an das gemeinschaftliche Referenzlaboratorium schicken. Die EFSA kann weitere Angaben anfordern. Die Zulassungsanträge und die Stellungnahme der EFSA sind, ausgenommen einige schutzwürdige Angaben, der Öffentlichkeit zugänglich.

Die EFSA muss ihre Stellungnahme innerhalb von sechs Monaten nach Eingang des Antrags auf Zulassung abgeben. Grundlage für die Stellungnahme sind die vom Antragsteller bereitgestellten Informationen und der vom gemeinschaftlichen Referenzlaboratorium übermittelte Bericht über die Evaluierung der Analysemethode.

Im Falle der Befürwortung der Zulassung eines Stoffes muss die Stellungnahme insbesondere Angaben enthalten über

- die Bedingungen oder Einschränkungen bei der Handhabung des Zusatzstoffes,
- im Falle einer firmengebundenen Zulassung eines Zusatzstoffes gegebenenfalls eine marktbegleitende Überwachung durch den Zulassungsinhaber nach dem Inverkehrbringen und nach der Verwendung des Zusatzstoffes,
- die Tierarten oder Kategorien von Tieren, für die der Zusatzstoff verwendet werden soll,
- gegebenenfalls spezifische zusätzliche Anforderungen hinsichtlich der Kennzeichnung des Zusatzstoffes sowie
- gegebenenfalls einen Vorschlag für die Festlegung von Rückstandshöchstmengen in den Lebensmitteln tierischen Ursprungs, die nach bestimmungsgemäßer und sachgerechter Fütterung von den mit dem Zusatzstoff gefütterten Tieren gewonnen werden,
- gegebenenfalls einen Vorschlag für die Festlegung einer Wartezeit zwischen letztmaliger Fütterung des Zusatzstoffes und der Gewinnung von Lebensmitteln.

Die Stellungnahmen der EFSA sind öffentlich zugänglich. Auf Antrag des Antragstellers können bestimmte von ihm gelieferte Informationen vertraulich behandelt werden, wenn ihre Bekanntgabe der Wettbewerbsposition des Antragstellers erheblich schaden könnte.

Gestützt auf die Stellungnahme der EFSA beschließt die Europäische Kommission, die Zulassung zu erteilen oder zu verweigern. Die Mitgliedstaaten wirken über den Ständigen Ausschuss für die Lebensmittelkette und Tiergesundheit – Sektion Tierernährung bei der Zulassung mit. Die Zulassung gilt für 10 Jahre und kann verlängert werden. Die Verlängerung kann anhand vereinfachter Bestimmungen erfolgen.

Zootechnische Zusatzstoffe und Zusatzstoffe, die aus GVO hergestellt werden oder solche enthalten, werden mit Bezug auf den Antragsteller zugelassen (sog. firmengebundene Zulassung). Alle übrigen Zusatzstoffe werden stoffbezogen zugelassen.

Auf der Grundlage einer entsprechenden Stellungnahme der EFSA kann die Kommission eine Zulassung ändern, aussetzen oder widerrufen.

Verantwortung des Inverkehrbringers und Verwenders von Zusatzstoffen

Wer einen zugelassenen Futtermittelzusatzstoff in den Verkehr bringt oder verwendet, ist für die Einhaltung der in den Rechtsvorschriften festgelegten Bedingungen oder Beschränkungen verantwortlich. In keinem Fall schränkt die Zulassung eines Futtermittelzusatzstoffes jedoch die allgemeine zivil- und strafrechtliche Haftung des Futtermittelunternehmers für den von ihm hergestellten und in den Verkehr gebrachten Futtermittelzusatzstoff ein.

Informationen über die Zusatzstoffe

Zugelassene Futtermittelzusatzstoffe werden von der Kommission in ein öffentlich zugängliches EU-Register der Futtermittelzusatzstoffe (Feed Additive Register) eingetragen. Damit wird Transparenz bezüglich der in der EU zugelassenen Futtermittelzusatzstoffe hergestellt.

Das EU-Register der Futtermittelzusatzstoffe wird leider nur in englischer Sprache veröffentlicht. Es enthält folgende Informationen:

- Kategorie des Zusatzstoffes,
- Funktionsgruppe des Zusatzstoffes,
- Subklassifikation,
- Code (Nummer),
- Bezeichnung des Zusatzstoffes,
- Referenz des EU-Rechtsaktes (Titel, Fundstelle),
- Datum der Zulassung,
- Datum des Auslaufens der Zulassung,
- Datum des ersten Eintrags in das Register.

► **Weitere Informationen**
Register der in der EU zugelassenen Futtermittelzusatzstoffe

ec.europa.eu

Im EU-Register der Zusatzstoffe gibt es zu jedem einzelnen Stoff einen Link, mit dem die jeweilige Zulassungsverordnung aufgerufen werden kann. In der Zulassungsverordnung werden regelmäßig auch zusätzlich zu den allgemeinen Bestimmungen der Verordnung (EG) Nr. 1831/2003 spezifische Vorschriften für die Verwendung festgelegt.

Maßgebend für die Zulassung des einzelnen Futtermittelzusatzstoffes und seine Verwendung ist jedoch nicht der Eintrag in das EU-Register, sondern die jeweilige Zulassungsrichtlinie im Falle von nach altem Recht zugelassenen Zusatzstoffen oder die Zulassungsverordnung im Falle der nach neuem Recht zugelassenen Zusatzstoffe. In den Zulassungsrechtsakten sind Einzelheiten für das Inverkehrbringen und die Verwendung des jeweiligen

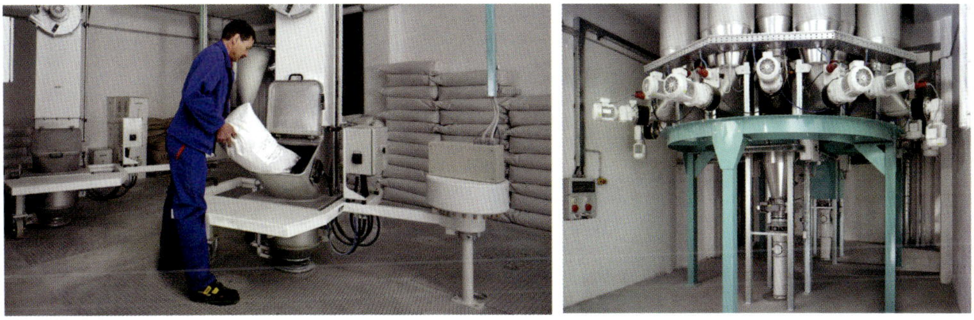

Abb. 7-1: Eine genaue Dosierung und hohe Mischgenauigkeit beim Einsatz von Futtermittelzusatzstoffen ist aufgrund der geringen Einsatzmengen in einer Größenordnung von g/kg bzw. kg/t wichtig. Die entsprechenden technischen Voraussetzungen sollten im Betrieb gegeben sein

Futtermittelzusatzstoffes festgelegt. Eine auf die (neue) Verordnung (EG) Nr. 1831/2003 gestützte Zulassungsverordnung enthält mindestens folgende Angaben:

- Kennnummer des Futtermittelzusatzstoffes,
- Bezeichnung des Futtermittelzusatzstoffes,
- Kategorie oder Funktionsgruppe,
- Spezifikation (ggf. Reinheitskriterien und Analysemethoden),
- spezielle Bedingungen oder Einschränkungen (z. B. bezüglich Handhabung, marktbegleitende Beobachtung, Verwendung einschließlich Tierart oder Tierkategorie),
- gegebenenfalls zusätzlich Anforderungen an die Kennzeichnung,
- gegebenenfalls Höchstmengen für Rückstände des Wirkstoffs und seiner Metaboliten in tierischen Lebensmitteln,
- Name des Zulassungsinhabers im Falle der firmengebundenen Zulassung einschließlich Erkennungsmarker bei GVO-Produkten.

> **▶ Weitere Informationen**
> Liste der für Futtermittel zugelassenen Zusatzstoffe
>
> www.bvl.bund.de

Das BVL hat auf seiner Homepage eine Liste der zugelassenen Zusatzstoffe in deutscher Sprache zur Verfügung gestellt.

In § 13 der Futtermittelverordnung ist zur Klarstellung festgelegt, dass in Deutschland nur die im EU-Register der Futtermittelzusatzstoffe nach der Verordnung (EG) Nr. 1831/2003 aufgeführten Futtermittelzusatzstoffe in den Verkehr gebracht und verwendet werden dürfen.

Übergangsregelung im Zusammenhang mit der Reevaluierung aller Zusatzstoffe

Mit der Verordnung (EG) Nr. 1831/2003 wurde eine Neubewertung (Reevaluierung) aller bis dahin zugelassenen Zusatzstoffe eingeleitet. Zu diesem

Zweck mussten bis zum 7.11.2004 alle Zusatzstoffe, die nach der Vorgängerregelung in der Richtlinie 70/524/EWG zugelassen waren, für die Reevaluierung angemeldet und Anträge auf Reevaluierung gestellt werden. Zusatzstoffe, für die kein Reevaluierungsantrag gestellt wurde, werden durch Verordnung vom Markt genommen. Für Zusatzstoffe, für die ein gültiger Antrag auf Reevaluierung eingereicht wurde, die Bewertung aber noch nicht abgeschlossen ist, gelten weiterhin die Bestimmungen für das Inverkehrbringen und die Verwendung nach den Vorschriften der Richtlinie 70/524/EG oder im Falle bestimmter vormals in der Richtlinie 82/471/EWG geregelter Stoffe, die in das Zusatzstoffrecht überführt worden sind, die »alten« Vorschriften der Richtlinie 82/471/EWG. Diese Bedingungen sind in der »Bekanntmachung zur Verwendung und Kennzeichnung bestimmter Futtermittelzusatzstoffe entsprechend den Vorgaben in unmittelbar geltenden Rechtsakten der Europäischen Gemeinschaft nach Inkrafttreten der Neunten Verordnung zur Änderung futtermittelrechtlicher Verordnungen vom 26. März 2007« erläutert.

▶ Weitere Informationen
Bekanntmachung zur Verwendung und Kennzeichnung bestimmter Futtermittelzusatzstoffe entsprechend den Vorgaben in unmittelbar geltenden Rechtsakten der Europäischen Gemeinschaft nach Inkrafttreten der Neunten Verordnung zur Änderung futtermittelrechtlicher Verordnungen

www.umwelt-online.de

Die erste Fassung des EU-Registers der zugelassenen Futtermittelzusatzstoffe wurde auf der Grundlage der Anmeldungen der Firmen am 7. November 2005 erstellt und ist seither im Ergebnis der Zulassung neuer Zusatzstoffe und der Marktrücknahme von Zusatzstoffen ständig angepasst worden.

Im Jahr 2013 enthielt das EU-Register der Futtermittelzusatzstoffe 2 952 Stoffe, und zwar:

- Anhang I 1 200 Stoffe, davon 1 061 sogenannte Alt-Stoffe, die noch zur Reevaluierung anstehen, und
- Anhang II: 1 752 Stoffe, für die kein Antrag auf Reevaluierung vorgelegt worden ist oder der Antrag auf Reevaluierung zurückgezogen wurde.

Ende 2019 enthielt das EU-Register der Futtermittelzusatzstoffe nur noch 1514 Stoffe (Alt- und Neustoffe), und zwar:

- Anhang I 1408 Stoffe, davon 557 Alt-Stoffe, die noch zur Reevaluierung anstehen, und
- Anhang II: 106 Altstoffe, für die kein Antrag auf Reevaluierung eingereicht bzw. dieser im Verfahren zurückgenommen worden ist. Die Dauer der Reevaluierung ist nicht abschätzbar.

Aus der vorstehenden Gegenüberstellung ergibt sich, dass im Zeitraum von 2013 bis 2019 insgesamt 938 Futtermittelzusatzstoffe vom Markt genommen worden sind. Gründe für die Marktrücknahme waren überwiegend Verfahrensfehler im Zusammenhang mit der Reevaluierung der Stoffe und in wenigen Fällen auch Sicherheitsbedenken.

Marktrücknahme von Futtermittelzusatzstoffen aus Verfahrensgründen

Futtermittelzusatzstoffe, für die nicht fristgerecht ein Dossier für die Reevaluierung vorgelegt wurde, werden gemäß Artikel 10 Abs. 5 der Verordnung (EG) Nr. 1831/2003 durch Verordnung »*vom Markt genommen*«. In einigen Fällen erfolgte die Marktrücknahme, weil der Antragsteller den Antrag auf Reevaluierung im Laufe des Verfahrens zurückgezogen hat.

Seit dem Jahr 2012 hat die Kommission folgende Verordnungen zum Zweck der Marktrücknahme von Futtermittelzusatzstoffen oder zur Aufhebung veralteter Bestimmungen erlassen:

- Durchführungsverordnung (EU) Nr. 451/2012 der Kommission vom 29. Mai 2012 über die Marktrücknahme bestimmter in die Funktionsgruppe »Silierzusatzstoffe« einzuordnender Futtermittelzusatzstoffe (ABl. L 140 vom 30.5.2012, S. 55) mit 201 Stoffen,
- Durchführungsverordnung (EU) Nr. 230/2013 der Kommission vom 14. März 2013 über die Marktrücknahme bestimmter in die Funktionsgruppe »Aroma- und appetitanregende Stoffe« einzuordnender Futtermittelzusatzstoffe (ABl. L 80 vom 21.3.2013, S. 1) mit 1405 Stoffen,
- Durchführungsverordnung (EU) Nr. 107/2014 der Kommission vom 5. Februar 2014 zur Rücknahme der Futtermittelzusatzstoffe Cobalt(II)-chlorid, Hexahydrat, Cobalt(II)-nitrat, Hexahydrat und Cobalt(II)-sulfat, Monohydrat vom Markt sowie zur Änderung der Verordnung (EG) Nr. 1334/2003 (ABl. L 36 vom 6.2.2014, S. 7) mit einem Stoff,
- Durchführungsverordnung (EU) 2017/1145 der Kommission über die Marktrücknahme bestimmter gemäß den Richtlinien 70/524/EWG und 82/471/EWG des Rates zugelassener Futtermittelzusatzstoffe und zur Aufhebung der veralteten Bestimmungen über die Zulassung dieser Futtermittelzusatzstoffe (ABl. L 166 vom 29.6.2017, S. 1) mit 144 Stoffen.

► **Weitere Informationen**
Übersicht des BVL zu vom Markt genommenen Futtermittelzusatzstoffen:

www.bvl.bund.de

Der Abschluss der Revalierung ist nicht abschätzbar, denn bereits seit 2015 gibt es als Folge des Auslaufens der jeweils auf 10 Jahre befristeten Zulassung von Zusatzstoffen zunehmend Anträge auf Verlängerung der Zulassung. Mit dem Abschluss der Reevaluierung für botanisch definierte Aromastoffe wird nicht vor Ende 2021 gerechnet.

Marktrücknahme von Futtermittelzusatzstoffen aus Sicherheitsgründen

Einige Futtermittelzusatzstoffe wurden aus Sicherheitsgründen vom Markt genommen, und zwar:

- Durchführungsverordnung (EU) Nr. 81/2012 der Kommission vom 31. Januar 2012 zur Verweigerung der Zulassung von Lactobacillus pentosus (DSM 14025) als Futtermittelzusatzstoff (ABl. L 29 vom 1. Februar 2012, S. 36)
- Durchführungsverordnung (EU) Nr. 288/2013 der Kommission vom 25. März 2013 über die Aussetzung der mit den Verordnungen (EG) Nr. 256/2002, (EG) Nr. 1453/2004, (EG) Nr. 255/2005, (EG) Nr. 1200/2005, (EG) Nr. 166/2008 und (EG) Nr. 378/2009 erteilten Zulassungen für die Zubereitung von Bacillus cereus var. Toyoi (NCIMB 40112/CNCM I-1012) (ABl. L 86 vom 26. März 2013, S. 15) (Hinweis: Umfassendes Verbot von Toyocerin durch Durchführungsverordnung (EU) 2015/1399 der Kommission vom 17. August 2015 zur Verweigerung der Zulassung der Zubereitung aus Bacillus toyonensis (NCIMB 14858T) (vormals Bacillus cereus var. toyoi NCIMB 40112/CNCM I-1012) als Futtermittelzusatzstoff für Mastrinder, Mastkaninchen, Masthühner, Ferkel (entwöhnt), Mastschweine, Zuchtsauen und Aufzuchtkälber sowie zum Widerruf der Zulassung der Zubereitung aus Bacillus cereus var. toyoi (NCIMB 40112/CNCM I-1012) als Futtermittelzusatzstoff für Masttruthühner und weibliche Zuchtkaninchen, zur Änderung der Verordnungen (EG) Nr. 256/2002, (EG) Nr. 1453/2004, (EG) Nr. 255/2005 und (EG) Nr. 1200/2005 sowie zur Aufhebung der Verordnungen (EG) Nr. 166/2008, (EG) Nr. 378/2009 und der Durchführungsverordnung (EU) Nr. 288/2013 (ABl. L 217 vom 18. August 2015, S. 1)),
- Durchführungsverordnung (EU) Nr. 796/2013 der Kommission vom 21. August 2013 zur Verweigerung der Zulassung von 3-Acetyl-2,5-Dimethylthiophen als Futtermittelzusatzstoff (ABl. L 224 vom 22. August 2013, S. 4),
- Durchführungsverordnung (EU) Nr. 754/2014 der Kommission vom 11. Juli 2014 zur Ablehnung der Zulassung von Pediococcus pentosa-

ceus (NCIMB 30068) und Pediococcus pentosaceus (NCIMB 30044) als Futtermittelzusatzstoffe (ABl. L 205 vom 12. Juli 2014, S. 10),

- Durchführungsverordnung (EU) 2018/183 der Kommission vom 7. Februar 2018 zur Verweigerung der Zulassung von Formaldehyd als Futtermittelzusatzstoff in den Funktionsgruppen »Konservierungsmittel« und »Stoffe zur Verbesserung der hygienischen Beschaffenheit« (ABl. L 34 vom 8. Februar 2018, S. 6),
- Durchführungsverordnung (EU) 2018/238 der Kommission vom 15. Februar 2018 zur Zulassung von Dinatrium-5′-ribonucleotiden, Dinatrium-5′-guanylat und Dinatrium-5′-inosinat als Zusatzstoffe in Futtermitteln für alle Tierarten (ABl. L 53 vom 23. Februar 2018, S. 1) (Hinweis: Die Zulassung von Dinatrium-5′-ribonucleotiden, Dinatrium-5′-guanylat und Dinatrium-5′-inosinat, hergestellt durch Fermentation, wird abgelehnt. Die Zulassung der gleichen Stoffe, hergestellt durch RNA-Hydrolyse, wird erteilt.),
- Durchführungsverordnung (EU) 2018/244 der Kommission vom 15. Februar 2018 zur Zulassung von Vanillylaceton und 4-(4-Methoxyphenyl) butan-2-on als Zusatzstoffe in Futtermitteln für alle Tierarten und zur Ablehnung von 1-Phenylethan-1-ol (ABl. L 53 vom 23. Februar 2018, S. 81),
- Durchführungsverordnung (EU) 2018/1254 der Kommission vom 19. September 2018 zur Verweigerung der Zulassung von Riboflavin (80 %), hergestellt aus Bacillus subtilis KCCM-10445, als Futtermittelzusatzstoff in der Funktionsgruppe Vitamine, Provitamine und chemisch definierte Stoffe mit ähnlicher Wirkung (ABl. L 237 vom 20. September 2018, S. 5).

Tab. 7-2: Beispiel: Cobalt(II)sulfat-Heptahydrat aus der Funktionsgruppe Verbindungen von Spurenelementen

Category	Functional Group	Subclassification	Code	Additive	Reference(s) of Community legal act	Reference in OJ	Date of authorisation	Expiry date of authorisation(s)	Date of first entry in the Register
3	b	Compounds of trace elements	3b305	Cobalt (II) sulphate, heptahydrate [Ruminants with a functional rumen, equidae, lagomorphs, rodents, herbivore reptiles and zoo mammals]	Commission Implenting Regulation (EU) No 601/2013 of 24 June 2013/ Amended by Commission Implenting Regulation (EU) No 131/2014 of 11 Februrary 2014	OJL 172 25.06.2013. p. 14/Corrigendum DE OJL 179 DE. 29.06.2013 p. 105/Amended by OJL 41. 12.02.2014, p. 3	15.07.2013	15.07.2023/ Transitional measures in article 2 of Commission Implementing Regulation (EU) No 131/2014 of 11 Feburary 2014	25.06.2013

Zu beachten ist, dass mit der Marktrücknahme bisher in keinem Fall die Zusatzstoffeigenschaft[1)] eines Stoffes aberkannt worden ist. Die vom Markt genommenen Stoffe sind deshalb aus rechtlicher Sicht weiterhin als Zusatzstoffe klassifiziert. Sie dürfen aber wegen fehlender Zulassung nicht mehr als Zusatzstoff aber auch nicht zu anderen Zwecken in der Tierernährung verwendet werden.

Beispiel »Katzenminze«

Mit DVO (EU) Nr. 230/2013 wurden beispielsweise 1 405 Aromastoffe ohne Aberkennung der Zusatzstoffeigenschaft vom Markt genommen. Für die Verwendung von Katzenminze und daraus hergestellte Erzeugnisse ergibt sich aus dieser Streichung zum Beispiel folgende Rechtslage:

- Die Verwendung der aus Katzenminze (*Nepeta cataria L.)* gewonnenen Aromastoffe *Absolue CoE 302/Katzenminze, Extrakt CoE302/Katzenminze, Öl CoE 302/Katzenminze, Tinktur CoE 302 Katzenminze* ist nicht zulässig. Es kann aber ein neuer Zulassungsantrag gestellt werden.
- Die Verwendung von Katzenminze als Einzelfuttermittel (Pflanze oder Pflanzenteil) ist von der Marktrücknahme der Aromastoffe nicht betroffen. Demzufolge sind das Inverkehrbringen und die Verwendung von Katzenminzeblättern, Katzenminzestängel oder Katzenminzepflanze als Einzelfuttermittel weiterhin zulässig.

Kategorien und Funktionsgruppen von Zusatzstoffen

Zusatzstoffe werden fünf Kategorien zugeordnet, die ihrerseits in Funktionsgruppen untergliedert sind. In der Regel weist die für den Zusatzstoff vergebene Kennnummer auf die jeweilige Funktionsgruppe hin. Zusatzstoffe, die noch nicht reevaluiert wurden, werden noch mit der vormaligen E-Nummer aufgeführt.

Abb. 7-2: Farbstoffe, die zur Kategorie 2 der sensorischen Zusatzstoffe zählen, werden im Futter verwendet, um beispielsweise bei Lachs aus Aquakultur die vom Verbraucher erwartete gleichmäßige Rosafärbung der Filets zu erzielen.

[1)] *Eine Entscheidung, ob ein Stoff ein Futtermittelzusatzstoff ist, kann nach Artikel 2 Absatz 3 der Verordnung (EG) Nr. 183172003 getroffen werden*

Kennzeichnung von Zusatzstoffen und Vormischungen

Bei der Kennzeichnung von Zusatzstoffen und Vormischungen müssen in der Landessprache des Mitgliedstaates, in dem das Produkt in den Verkehr gebracht wird, sichtbar, deutlich lesbar und unzerstörbar angegeben werden:

- **Bezeichnung** des Zusatzstoffes mit **Voranstellung der Funktionsgruppe**,
- **Name/Firma und Anschrift** des für die Kennzeichnung Verantwortlichen,
- **Nettogewicht/Nettovolumen**,
- gegebenenfalls **Zulassungs-Kennnummer** sofern dem Betrieb eine Nummer zugeteilt wurde,
- **Gebrauchsanleitung**, **Sicherheitshinweise** für die Verwendung, spezifische Anforderungen gemäß Zulassung,
- **Tierart und Tierkategorie** gemäß Zulassung,
- **Kennnummer** des Zusatzstoffes,
- **Chargennummer** und **Herstellungsdatum**.

Zusätzlich sind spezielle Angaben für bestimmte Zusatzstoffe und für Vormischungen im Anhang III der Verordnung (EG) Nr. 1831/2003 vorgeschrieben. Dies betrifft insbesondere Angaben zum **Wirkstoffgehalt und zur Mindesthaltbarkeit**.

Für die Kennzeichnung von und den Verkehr mit Zusatzstoffen und Vormischungen gelten weitere besondere Vorschriften.

- Das Inverkehrbringen ist nur in geschlossenen Verpackungen oder Behältnissen zulässig. Der Verschluss muss beim Öffnen beschädigt werden und darf nicht wieder verwendbar sein.
- Bei Vormischungen müssen das Wort »Vormischung« sowie der Trägerstoff gemäß Bezeichnungsvorschrift der Verordnung (EG) Nr. 767/2009 angegeben werden. Im Fall von Wasser als Trägerstoff muss der Feuchtegehalt angegeben werden. Die Mindesthaltbarkeit muss für die gesamte Vormischung angegeben werden.
- Bei Vormischungen mit Aromastoffen ist zur Vereinfachung die Angabe »Mischung aus Aromastoffen« anstatt der einzelnen Aromastoffe zulässig, sofern nicht im Einzelfall eine mengenmäßige Beschränkung für die Verwendung einzelner Aromastoffe in Futtermitteln oder Wasser festgelegt ist.

Tab. 7-3: Übersicht über die Kategorien und Funktionsgruppen für Futtermittelzusatzstoffe

Kategorie	Funktionsgruppe	Beispiel	
1	**Technologische Zusatzstoffe**		
	a) Konservierungsmittel	1a237a	Kaliumdiformiat
	b) Antioxidationsmittel	E 300	L-Ascorbinsäure
	c) Emulgatoren	E 407	Carrageen*
	d) Stabilisatoren	1d401	Natriumalginat
	e) Verdickungsmittel	E 410	Johannisbrotkernmehl*
	f) Geliermittel	E 406	Agar*
	g) Bindemittel	E 567	Klinoptilolith vulkanischen Ursprungs
	h) Stoffe zur Beherrschung einer Kontamination mit Radionukliden	1m558i	Bentonit
	i) Trennmittel	1m558i	Bentonit
	j) Säureregulatoren	1j514ii	Natriumbisulfat
	k) Silierzusatzstoffe	1k280	Propionsäure
	l) Vergällungsmittel	(bisher noch keine Stoffe zugelassen)	
	m) Stoffe zur Verringerung der Kontamination von Futtermitteln mit Mykotoxinen	1m558	Bentonit
	n) Stoffe zur Verbesserung der hygienischen Beschaffenheit	1k236	Ameisensäure
	o) sonstige technologische Zusatzstoffe	1o01	Zubereitung aus *Bacillus subtilis* KCCM 10673P und *Aspergillus oryzae* KCTC 10258BP
2	**Sensorische Zusatzstoffe:**		
	a) Farbstoffe: i. Stoffe, die einem Futtermittel Farbe geben oder die Farbe in einem Futtermittel wiederherstellen ii. Stoffe, die bei Verfütterung an Tiere Lebensmitteln tierischen Ursprungs Farbe geben iii. Stoffe, die die Farbe von Zierfischen und -vögeln positiv beeinflussen	2a(ii) 165	Astaxanthin-Dimethyldisuccinat
	b) Aromastoffe, deren Zusatz zu Futtermitteln deren Geruch oder Schmackhaftigkeit verbessert	2b957	Thaumatin
3	**Ernährungsphysiologische Zusatzstoffe:**		
	a) Vitamine, Provitamine und chemisch definierte Stoffe mit ähnlicher Wirkung	3a316	Folsäure
	b) Verbindungen von Spurenelementen	3b101	Eisen(II)carbonat, technisch rein
	c) Aminosäuren, deren Salze und Analoge	3c305	L-Methionin
	d) Harnstoff und seine Derivate	3d1	Harnstoff
4	**Zootechnische Zusatzstoffe**		
	a) Verdaulichkeitsförderer: Stoffe, die bei der Verfütterung an Tiere durch ihre Wirkung auf bestimmte Einzelfuttermittel die Verdaulichkeit der Nahrung verbessern	4a6	6-Phytase EC 3.1.3.26
	b) Darmflorastabilisatoren: Mikroorganismen oder andere chemisch definierte Stoffe, die bei der Verfütterung an Tiere eine positive Wirkung auf die Darmflora haben	4b1702	Saccharomyces cerevisiae NCYC Sc 47
	c) Stoffe, die die Umwelt günstig beeinflussen	(bisher keine Stoffe zugelassen)	
	d) sonstige zootechnische Zusatzstoffe	4d5	Natriumbenzoat
	e) Mittel zur Stabilisierung des physiologischen Zustands	Bisher noch kein Stoff zugelassen	
5	**Kokzidiostatika/Histomonostatika**	5 1 701	Monensin-Natrium

* *Nach bisheriger Regelung in der Richtlinie 70/524/EG als gemeinsame Gruppe »Emulgatoren, Stabilisatoren, Verdickungs- und Geliermittel« aufgeführt.*

Tab. 7-4: Übersicht über die zusätzlichen Angaben für bestimmte Zusatzstoffe und für Vormischungen gemäß Anhang III der Verordnung (EG) Nr. 1831/2003

Merkmal	Zootechnische Zusatzstoffe, Kokzidiostatika, Histomonostatika	Enzyme	Mikroorganismen	Ernährungsphysiologische Zusatzstoffe	Technologische und sensorische Zusatzstoffe (außer Aromastoffe)	Aromastoffe
Mindesthaltbarkeitsdatum/Haltbarkeitsdatum[1)]	X	X	X	X		
Gebrauchsanleitung	X	X	X			
Wirkstoffgehalt	X	X[2)]	X[3)]	X	X	X[4)]
Kennnummer der IUB5)		X				
Genaue Bezeichnung des Wirkstoffs		X				
Stammidentifizierungsnummer			X			

[1)] *Bei Vormischungen ist die jeweils kürzeste Frist anzugeben.*
[2)] *Angabe in Einheiten der Wirksamkeit je g oder ml zulässig.*
[3)] *Anzahl der koloniebildenden Einheiten je g.*
[4)] *Zusatzmenge in Vormischungen mit Angabe »Mischung aus Aromastoffen« anstelle der einzelnen Stoffe (sofern keine mengenmäßige Beschränkung festgelegt ist).*
[5)] *International Union of Biochemistry.*

Sonderfall Kennzeichnung von Zubereitungen

Zusatzstoffe dürfen, sofern dies in der Zusatzstoffzulassungsverordnung festgelegt ist, als Zubereitungen in den Verkehr gebracht und verwendet werden – siehe dazu auch die Begriffsbestimmung. Bei Zubereitungen (s. S. 70) von Futtermittelzusatzstoffen der Kategorien »technologische Zusatzstoffe«, »sensorische Zusatzstoffe« und »ernährungsphysiologische Zusatzstoffe« sind auf der Verpackung oder dem Behältnis anzugeben:

- die spezifische Bezeichnung des Zusatzstoffes,
- die Kennnummer des Zusatzstoffes und
- der Gehalt des in der Zubereitung enthaltenen technologischen Zusatzstoffes, falls für diesen ein Höchstgehalt festgesetzt ist.

In anderen Fällen genügt es, wenn die Angabe der in der Zubereitung enthaltenen technologischen Zusatzstoffe und aller anderen enthaltenen Stoffe oder Erzeugnisse in absteigender Reihenfolge ihrer Gewichtsanteile in »geeigneter« schriftlicher Form beigefügt wird.

Allgemeine Vorschriften über die Verwendung von Zusatzstoffen in Futtermitteln

Zusätzlich zu den in der Zulassungsverordnung festgelegten Bedingungen für die Verwendung des jeweiligen Zusatzstoffes gelten noch weitere allgemeine Vorschriften über die Verwendung von Zusatzstoffen in Futtermitteln oder Wasser:

- Höchstgehalte für Zusatzstoffe sind in der Regel auf Alleinfutter mit 12 % Feuchte bezogen.
- Für das Mischen von Antibiotika, Kokzidiostatika/Histomonostatika und Mikroorganismen sind die Festlegungen in der jeweiligen Zulassungsverordnung zu beachten.
- Höchstgehalte gelten nur, wenn ein Zusatzstoff zugesetzt wurde. Der native Gehalt ist in diesem Fall bei der Überprüfung der Einhaltung des Höchstgehaltes einzubeziehen.
- Die Einmischung bestimmter Zusatzstoffe in Futtermittel wird gegebenenfalls in der Zulassungsverordnung im Einzelfall nur über Vormischungen erlaubt.

Hinweis:

Die Vorschriften über die Kennzeichnung von Zusatzstoffen in Einzelfuttermitteln und Mischfuttermittermitteln sowie die besonderen Vorschriften über die Kennzeichnung von Ergänzungsfuttermitteln und die zur Beurteilung der Richtigkeit von Angaben festgelegten Toleranzen finden sich in der Verordnung (EG) Nr. 767/2009 über das Inverkehrbringen und die Verwendung von Futtermitteln und werden in Kapitel 8 erläutert.

8 Kennzeichnung und Aufmachung von Futtermitteln

Die Anforderungen an die Kennzeichnung und Aufmachung von Einzelfuttermitteln und Mischfuttermitteln sind in der Verordnung (EG) Nr. 767/2009 festgelegt.

Die **Verordnung (EG) Nr. 767/2009 des Europäischen Parlaments und des Rates vom 13. Juli 2009 über das Inverkehrbringen und die Verwendung von Futtermitteln** legt Vorschriften für das Inverkehrbringen von Futtermitteln fest, die sowohl für Tiere bestimmt sind, die der Lebensmittelgewinnung dienen, als auch für Heimtiere und andere nicht der Lebensmittelgewinnung dienende Tiere. Es werden Vorschriften für Kennzeichnung, Verpackung und Aufmachung festgelegt. Die Verordnung trägt dazu bei, dass die Futtermittelwirtschaft, Landwirte, Heimtierhalter und andere Tierhalter sachgerecht und transparent über die wertgebenden Bestanteile und die Zusammensetzung von Futtermitteln informiert werden. Sie gilt für Einzelfuttermittel und Mischfuttermittel.

Kennzeichnung und Aufmachung

Kennzeichnung und Aufmachung von Futtermitteln dürfen die Verbraucher im Hinblick auf den Zweck oder die Eigenschaften des Futtermittels nicht irreführen. Die obligatorischen Angaben müssen gut sichtbar auf der Verpackung, dem Behälter oder auf einem darauf angebrachten Etikett oder auf einem das Futtermittel begleitenden Dokument angegeben sein. Diese Informationen müssen gut lesbar und unauslöschlich sein. Sie sind in deutscher Sprache anzugeben.

Was muss auf dem Etikett von Futtermitteln angegeben werden?

Die vorgeschriebenen Angaben sind für die verschiedenen Futtermittelarten unterschiedlich. Darüber hinaus bestehen unterschiedliche Regelungen für Futtermittel für Tiere, die der Lebensmittelgewinnung dienen, und für andere Tiere, die nicht der Lebensmittelgewinnung dienen. Die Zuordnung der Tierarten zu diesen Gruppen erfolgt im Hinblick darauf, ob die jeweilige Tierart üblicherweise in der EU zum menschlichen Verzehr verwendet wird. Die im Einzelfall für ein bestimmtes Tier vorgesehene Verwendung ist dabei unerheblich. In der EU werden daher zum Beispiel Pferde und Kaninchen als

▶ **Weitere Informationen**
Leitfaden zur Kennzeichnung von Einzelfuttermitteln und Mischfuttermitteln

www.bmel.de

Tiere eingeordnet, die der Lebensmittelgewinnung dienen, unabhängig davon, ob ein bestimmtes Pferd als Hobbytier oder auf Grund eines Equidenpasses nicht zur Schlachtung vorgesehen ist oder ein Kaninchen als Heimtier gehalten wird.

Außerdem gelten eine Reihe von Ausnahmen, die unter anderem den Verkehr mit Einzelfuttermitteln, mit Futtermitteln zwischen den Landwirten und mit Heimtierfuttermitteln erleichtern sollen.

In der Liste der Futtermittelzusatzstoffe, müssen angegeben werden,

- Zusatzstoffe, mit Höchstgehalt
  - für mindestens ein der Lebensmittelgewinnung dienendes Tier bei Futtermitteln für Tiere, die der Lebensmittelgewinnung dienen oder
  - für mindestens ein nicht der Lebensmittelgewinnung dienendes Tier bei Futtermitteln für Tiere, die nicht der Lebensmittelgewinnung dienen,
- Zusatzstoffe der Kategorie »zootechnische Zusatzstoffe«,
- Zusatzstoffe der Kategorie Kokzidiostatika/Histomonostatika,
- Zusatzstoffe, bei Überschreitung des empfohlenen Höchstgehalts.

Ein der Lebensmittelgewinnung dienendes Tier

»jedes Tier, das zur Gewinnung von Lebensmitteln zum menschlichen Verzehr gefüttert, gezüchtet oder gehalten wird, einschließlich solcher Tiere, die nicht zum menschlichen Verzehr verwendet werden, jedoch zu Arten zählen, die normalerweise zum menschlichen Verzehr in der Gemeinschaft verwendet werden.«[1)]

Ein nicht der Lebensmittelgewinnung dienendes Tier

»jedes Tier, das gefüttert, gezüchtet oder gehalten, jedoch nicht zum menschlichen Verzehr verwendet wird, wie etwa Pelztiere, Heimtiere und solche Tiere, die in Labors, Zoos oder in Zirkussen gehalten werden.«[2)]

Heimtier

»ein nicht der Lebensmittelgewinnung dienendes Tier, das zu einer Tierart zählt, die gefüttert, gezüchtet oder gehalten wird, jedoch in der Gemeinschaft üblicherweise nicht zum menschlichen Verzehr verwendet wird.«[3)]

Die für die Futtermittelkennzeichnung verantwortliche Person muss den Behörden alle Informationen über die Zusammensetzung oder die behaupteten Eigenschaften des Futtermittels zur Verfügung stellen, das sie in den Verkehr bringt, sodass die Richtigkeit der durch die Kennzeichnung gemachten Angaben überprüft werden kann. Für die Überprüfung der Richtigkeit von Angaben zu Inhaltsstoffen und dem Gehalt an Futtermittelzusatzstoffen sind Toleranzen festgelegt.

Werbeaussagen

Kennzeichnung und Aufmachung von Futtermitteln dürfen aufmerksam machen

- auf das Vorhandensein oder die Abwesenheit von Stoffen,
- auf spezifische nährstoffbezogene Merkmale,

---

1) *Artikel 3 Absatz 2 Buchstabe c der Verordnung (EG) Nr. 767/2009*
2) *Artikel 3 Absatz 2 Buchstabe d der Verordnung (EG) Nr. 767/2009*
3) *Artikel 3 Absatz 2 Buchstabe f der Verordnung (EG) Nr. 767/2009*

Tab. 8-1: Übersicht über die vorgeschriebenen Angaben bei der Kennzeichnung von Einzelfuttermitteln und Mischfuttermitteln

Vorgeschriebene Angaben bei der Kennzeichnung von Einzelfuttermitteln und Mischfuttermitteln		
– Futtermittelart – Name und Anschrift des Unternehmers/Unternehmens – Chargennummer – Menge – Liste der Zusatzstoffe – Feuchtegehalt		
zusätzliche Angaben für Einzelfuttermittel	**zusätzliche Angaben für Mischfuttermittel**	**zusätzliche Angaben für Diätfuttermittel**
– Bezeichnung – Inhaltsstoffe/analytische Bestandteile Bei Zugabe von Zusatzstoffen – Tierkategorie – Verwendungshinweise – Haltbarkeit des Zusatzstoffes	– Tierkategorie – Verwendungshinweise – Name und Adresse oder Zulassungs- oder Identifizierungsnummer des Herstellers, wenn dieser nicht Inverkehrbringer ist – Mindesthaltbarkeit – Zusammensetzung – Inhaltstoffe/analytische Bestandteile	– Wort »Diät-« – Ernährungszweck – Zusatzangaben zu Inhaltsstoffen und Zusatzstoffen – Fütterungsdauer – Empfehlung, den Rat eines Tierarztes oder eines Fütterungsexperten einzuholen
Sonderregelungen für Lieferung von Einzelfuttermitteln, Heimtierfuttermittel, einfache Mischfuttermittel, direkte Lieferungen kleiner Mengen von Landwirten an Landwirte, Abgabe kleiner Mengen an Endverbraucher		
Besondere Angaben für mit unerwünschten Stoffen kontaminierte Materialien und ehemalige Lebensmittel		
Weitere Angaben auf der Grundlage anderer Regelungen, wie Gentechnikrecht, Veterinärrecht, Chemikalienrecht		

- auf spezifische Herstellungsverfahren oder
- auf spezifische damit verbundene Funktionen.

Alle Angaben zu Futtermitteln müssen wissenschaftlich begründet sein. Die für die Kennzeichnung verantwortliche Person legt der zuständigen Behörde auf Anfrage eine wissenschaftliche Begründung für die Werbeaussagen vor. Wissenschaftliche Nachweise können öffentlich zugängliche Belege oder dokumentierte Forschungsarbeiten des Unternehmens sein.

Verbot krankheitsbezogener Angaben

In der Kennzeichnung und Aufmachung von Futtermitteln darf nicht behauptet werden, dass eine Krankheit verhindert, behandelt oder geheilt wird, ausgenommen im Fall der Verwendung von Kokzidiostatika oder Histomonostatika. Allerdings ist es zulässig

- Angaben zur Optimierung der Ernährung und zur Unterstützung oder Sicherung physiologischer Bedürfnisse zu machen oder
- Angaben zu Ernährungsimbalanzen zu machen, sofern damit kein pathologisches Symptom assoziiert wird.

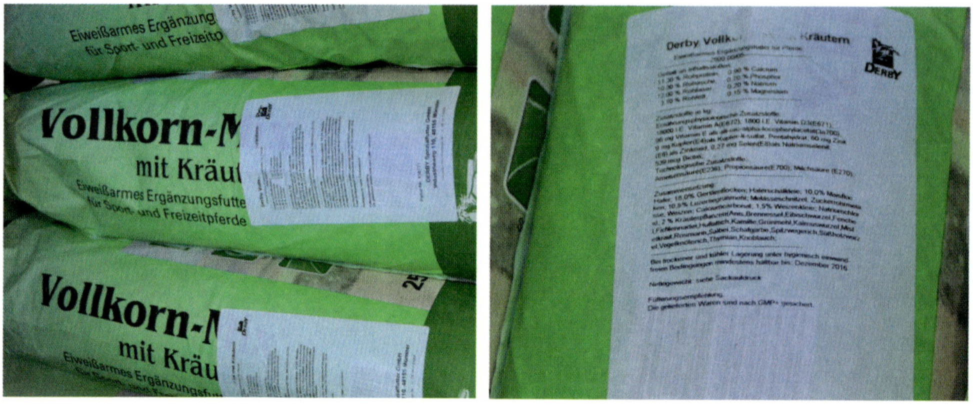

Abb. 8-1: Futtermittel sind mit all ihren Bestandteilen gemäß EU-Verordnung umfangreich zu kennzeichnen. Bei loser Ware geschieht dies über den Lieferschein, bei verpackter Ware befinden sich die Informationen direkt auf oder an der Packung. Hier als Beispiel die vorgeschriebene Futtermitteldeklaration auf den Säcken eines Ergänzungsfutters für Sport- und Freizeitpferde.

In der Kennzeichnung oder Aufmachung darf nicht behauptet werden, dass das Futtermittel einem besonderen Ernährungszweck dient, außer wenn dieser Ernährungszweck auf der Liste der besonderen Ernährungszwecke (Diätfuttermittel) steht und das Futtermittel die entsprechenden Bedingungen erfüllt.

Gemeinschaftliche Kodizes für die Gute Kennzeichnungspraxis

Zur Vereinheitlichung der freiwilligen Kennzeichnung wird die Erstellung gemeinschaftlicher Kodizes für die Gute Kennzeichnungspraxis gefördert, und zwar je ein Kodex für Heimtierfuttermittel und ein Kodex für Mischfuttermittel für Tiere, die der Lebensmittelgewinnung dienen. Die Kodizes sollen Erläuterungen zu den verpflichtenden Angaben und Vereinbarungen zu freiwilligen Angaben, einschließlich Werbeaussagen, enthalten. Gegenwärtig sind Kodizes nicht in deutscher Sprache verfügbar.

► **Weitere Informationen**

COPA-COGECA/FEFAC Code of Good labelling practices for compound feed for food producing animals

www.fefac.eu

Code of Good Labelling Practice for Pet Food

www.fediaf.org

9 Arzneifuttermittel

Tierarzneimittel können Tieren oral direkt über das Futter oder Tränkwasser oder nach Mischung mit anderen Futtermitteln in Form von Arzneifuttermitteln verabreicht werden. Die Bestimmungen über die Herstellung, das Inverkehrbringen und die Verwendung von Arzneifuttermitteln sind in der Verordnung (EU) 2019/4 geregelt.

Mit der **Verordnung (EU) 2019/4 über die Herstellung, das Inverkehrbringen und die Verwendung von Arzneifuttermitteln** werden besondere Bestimmungen für Arzneifuttermittel und Zwischenerzeugnisse festgelegt. In der Verordnung werden die Voraussetzungen für die Verschreibung von Arzneifuttermitteln, die Anforderungen an die Herstellung, die Lagerung und den Transport, einschließlich der Zulassung, von Arzneifuttermitteln und Zwischenprodukten, und die Bedingungen für die orale Verabreichung von Tierarzneimitteln in Form von Arzneifuttermitteln geregelt. Damit sollen der Schutz der Gesundheit, die Sicherheit bei der Herstellung und eine höhere Verfügbarkeit von Arzneifuttermitteln gewährleistet werden. Ferner soll eine umsichtige und verantwortungsbewusste Verwendung von antimikrobiellen Wirkstoffen gefördert werden, um die Antibiotikaresistenz bei Tieren zu bekämpfen und die Ausbreitung antibiotikaresistenter Bakterien über die Nahrungskette zu verhindern. Die Verordnung gilt für Arzneifuttermittel sowohl für Nutztiere als auch für Heimtiere.

Die Verordnung (EU) 2019/4 ersetzt die Richtlinie 90/167/EWG des Rates vom 26. März 1990 zur Festlegung der Bedingungen für die Herstellung, das Inverkehrbringen und die Verwendung von Fütterungsarzneimitteln in der Gemeinschaft (Fütterungsarzneimittel-Richtlinie). Die Fütterungsarzneimittel-Richtlinie wurde seinerzeit in den Mitgliedstaaten der EU unterschiedlich in nationales Recht umgesetzt. In Deutschland wurden Fütterungsarzneimittel als Arzneimittel eingeordnet, da sie in erster Linie zur Vorbeugung oder Behandlung von Krankheiten dienen. In zahlreichen anderen Mitgliedstaaten wurden Fütterungsarzneimittel jedoch als Futtermittel betrachtet.

Ziel der Neuregelung ist es, eine einheitliche rechtliche Zuordnung dieser Produkte in allen Mitgliedstaaten zu erreichen. Bereits im 3. Erwägungsgrund zur Verordnung (EG) Nr. 767/2009 über das Inverkehrbringen und die Verwendung von Futtermitteln haben das Europäische Parlament und der Rat Folgendes ausgeführt: *»Futtermittel können die Form von Einzelfuttermitteln, Mischfuttermitteln, Futtermittelzusatzstoffen, Vormischungen oder Fütterungsarzneimitteln annehmen.«* Mit dieser Erklärung war die Schaffung einer als spezielle Futtermittelart klassifizierten Produktgruppe zum Zweck der Erleichterung der Medikation von Tieren vorschattiert.

Die Verordnung (EU) 2019/4 ergänzt die Rechtsvorschriften der Union zu Futtermitteln und gilt unbeschadet insbesondere der Verordnung

(EG) Nr. 1831/2003 über Futtermittelzusatzstoffe, der Verordnung (EG) Nr. 183/2005 über Futtermittelhygiene, der Verordnung (EG) Nr. 767/2009 über den Verkehr mit und die Verwendung von Futtermitteln sowie der Richtlinie 2002/32/EG über unerwünschte Stoffe in der Tierernährung. Die Verordnung (EU) 2019/4 ist ab dem 28. Januar 2022 zeitgleich mit der Neuregelung des Tierarzneimittelrechts durch die Verordnung (EU) 2019/6 anzuwenden. Die Verordnung wird durch eine Reihe von Durchführungsvorschriften ergänzt. Nationale Regelungen zur Durchführung der Verordnung (EU) 2019/4 werden im Hinblick auf die Rechtssystematik voraussichtlich in einem Tierarzneimittelgesetz und im LFGB getroffen werden.

Mit der Verordnung (EU) 2019/4 werden zwei neue Stoffgruppen in das Futtermittelrecht eingeführt: Arzneifuttermittel und Zwischenerzeugnisse.

Was sind Arzneifuttermittel?

- Arzneifuttermittel sind eine Mischung von Futtermitteln und Tierarzneimitteln, die unter kontrollierten Bedingungen in dafür zugelassenen Betrieben, einschließlich von Tierhaltern, hergestellt werden.
- Für die Herstellung von Arzneifuttermitteln dürfen nur für diesen Zweck zugelassene Tierarzneimittel verwendet werden.
- Voraussetzung für die Verwendung eines Arzneifuttermittels ist eine tierärztliche Verschreibung nach einer vorherigen klinischen Prüfung.
- Arzneifuttermittel mit Antibiotika dürfen weder zu prophylaktischen noch zu leistungsfördernden Zwecken eingesetzt werden.

Arzneifuttermittel

»ein Futtermittel, das geeignet ist, ohne weitere Verarbeitung unmittelbar an Tiere verfüttert zu werden und aus einer homogenen Mischung aus einem oder mehreren Tierarzneimitteln oder Zwischenerzeugnissen mit Einzelfuttermitteln oder Mischfuttermitteln besteht«[1]

Was sind Zwischenerzeugnisse?

- Für die Herstellung von Arzneifuttermitteln dürfen sogenannte Zwischenerzeugnisse verwendet werden.
- Zwischenerzeugnisse sind eine vorgefertigte Mischung von Tierarzneimitteln mit einem Einzelfuttermittel oder einem Mischfuttermittel, mit deren Hilfe die Handhabung, Dosierung und die homogene Einmischung der arzneilich wirksamen Stoffe in Arzneifuttermittel unterstützt werden soll.

Zwischenerzeugnis

»ein Futtermittel, das nicht geeignet ist, ohne weitere Verarbeitung unmittelbar an Tiere verfüttert zu werden und das aus einer homogenen Mischung aus einem oder mehreren Tierarzneimitteln mit Einzelfuttermitteln oder mit Mischfuttermitteln besteht und das ausschließlich zur Herstellung von Arzneifuttermitteln bestimmt ist.«[2]

---

[1] *Artikel 3 Absatz 2 Buchstabe a der Verordnung (EU) 2019/4*

[2] *Artikel 3 Absatz 2 Buchstabe b der Verordnung (EU) 2019/4*

- ▶ Zwischenerzeugnisse werden unter kontrollierten Bedingungen in dafür zugelassenen Betrieben hergestellt, gelagert und transportiert.
- ▶ Zwischenerzeugnisse dürfen nicht direkt verfüttert, sondern nur zur Herstellung von Arzneifuttermitteln verwendet werden.

Die **Verordnung über Arzneifuttermittel regelt**

- die Herstellung, die Lagerung und die Beförderung von Arzneifuttermitteln und Zwischenerzeugnissen,
- das Inverkehrbringen, einschließlich Einfuhr aus Drittländern, von Arzneifuttermitteln und Zwischenerzeugnissen,
- die Verwendung von Arzneifuttermitteln und Zwischenerzeugnissen,
- die Ausfuhr von Arzneifuttermitteln und Zwischenerzeugnissen.

Die Verordnung gilt jedoch nicht für Landwirte, die oral zu applizierende Fertigarzneimittel anwenden. Sie gilt auch nicht für Hersteller von Tierarzneimitteln und den Handel mit Tierarzneimitteln.

? Welche Personen und Ressourcen und Unternehmen werden durch die Verordnung über Arzneifuttermittel in die Pflicht genommen?

- ▶ Hersteller oder Inverkehrbringer von Arzneifuttermitteln, dies können auch Landwirte oder »mobile Mischer« sein
- ▶ Hersteller oder Inverkehrbringer von Zwischenprodukten
- ▶ Landwirte, die Arzneifuttermittel verfüttern
- ▶ Heimtierhalter, die Arzneifuttermittel verfüttern
- ▶ Tierärzte, die Arzneifuttermittel verschreiben, herstellen, lagern oder in den Verkehr bringen
- ▶ Lagerhalter und Spediteure, die Arzneifuttermittel oder Zwischenprodukte lagern oder transportieren

Allgemeine Pflichten der Hersteller von Arzneifuttermitteln

Die Hersteller von Arzneifuttermitteln oder Zwischenprodukten müssen alle einschlägigen futtermittelrechtlichen Vorschriften einhalten, dazu zählen insbesondere:

- Zulassung der Betriebe,
- Herstellung der Arzneifuttermittel nur gemäß tierärztlicher Verschreibung, Vorrats-Produktion ist allerdings zulässig,
- Einhaltung spezifischer Hygienebestimmungen (Einrichtungen und Ausrüstung, Personal, Herstellung und Qualitätskontrolle, Lagerung und Transport, Dokumentation),

- Gewährleistung der homogenen Verteilung des Arzneiwirkstoffs im Arzneifuttermittel,
- Vermeidung von Kreuzkontaminationen (Höchstgehalte für Rückstände aus Verschleppungen werden festgelegt) und von Verwechslungen,
- Zusätzliche spezifische Kennzeichnung der Arzneifuttermittel (Bezeichnung »Arzneifuttermittel« bzw. »Zwischenerzeugnis für die Herstellung von Arzneifuttermitteln«, Angabe des Wirkstoffs, Angabe der Wartezeit, Angabe des Ablaufdatums des Arzneifuttermittels, Gegenanzeigen, Gebrauchs-, Warn- und Entsorgungshinweise),
- Anforderungen an Verpackung, Etikettierung und Werbung (z. B. manipulationssichere Einwegverpackungen, Werbung ausschließlich an Tierärzte gerichtet).

Zur besonderen Verantwortung des Futtermittelunternehmers, der Arzneifuttermittel oder Zwischenerzeugnisse herstellt

Der Futtermittelunternehmer, der Arzneifuttermittel oder Zwischenerzeugnisse herstellt, muss gewährleisten, dass das Arzneifuttermittel oder Zwischenerzeugnis nach den einschlägigen Bedingungen der tierärztlichen Verschreibung für Arzneifuttermittel oder nach den einschlägigen Bedingungen der Fachinformation für die Tierarzneimittel, die in das Futtermittel eingearbeitet werden sollen, hergestellt wird. Insbesondere muss der Futtermittelunternehmer darauf achten, dass die Sicherheit oder die Wirksamkeit des Arzneifuttermittels nicht durch Wechselwirkungen zwischen den Tierarzneimitteln und den Futtermitteln oder Futtermittelbestandteilen beeinträchtigt werden kann.

Des Weiteren muss der Futtermittelunternehmer darauf achten, dass ein als Kokzidiostatikum oder Histomonostatikum zugelassener Futtermittelzusatzstoff, für den ein Höchstgehalt festgesetzt ist, nicht in das Arzneifuttermittel oder Zwischenerzeugnis eingearbeitet wird, wenn der entsprechende Wirkstoff bereits in dem Tierarzneimittel verwendet wird. Ferner muss der Futtermittelunternehmer in den Fällen, in denen der Wirkstoff des Tierarzneimittels mit einem Stoff identisch ist, der in einem Futtermittelzusatzstoff des betreffenden Futtermittels enthalten ist, darauf achten, dass der Höchstgehalt für die Verwendung des Wirkstoffs als Zusatzstoff als Folge der Einmischung des Tierarzneimittels im Arzneifuttermittel nicht überschritten wird.

Pflichten der Verwender von Arzneifuttermitteln

- Die Verfütterung von Arzneifuttermitteln ist nur gemäß der tierärztlichen Verschreibung (Tierart, Menge, Dauer) zulässig. Der Einsatz von Arzneifuttermitteln zur Prophylaxe ist nicht erlaubt.

Weitere Pflichten sind
- die Vermeidung von Kreuzkontaminationen,
- die Einhaltung von Wartezeiten,
- die Beachtung des Ablaufdatums für die Verwendung des Arzneifuttermittels und
- die ordnungsgemäße Entsorgung von Resten.

Pflichten der Mitgliedstaaten und der zuständigen Behörden

Die Mitgliedstaaten sind verpflichtet, die Rahmenbedingungen für den ordnungsgemäßen Umgang mit Arzneifuttermitteln zu schaffen. Zu diesem Zweck müssen die zuständigen Behörden insbesondere
- die Herstellerbetriebe zulassen,
- ein öffentlich zugängliches Verzeichnis der zugelassenen Betriebe führen,
- eine Datenbank zum Antibiotikaeinsatz einrichten,
- die Datensammlung zur Pharmakovigilanz sicherstellen,
- ein Entsorgungs-System für nicht verwendete oder abgelaufene Arzneifuttermittel und Zwischenprodukte einrichten.

Hinweis:
Die Vorschriften über Arzneifuttermittel berühren nicht die speziellen arzneimittelrechtlichen Vorschriften über die orale Anwendung von Tierarzneimitteln im Nutztierbereich über das Futter oder das Wasser.

Neben der Anwendung von Arzneifuttermitteln kann die orale Anwendung von Tierarzneimitteln mit oral anzuwendenden Fertigarzneimitteln (OAF) über das Futter oder das Wasser erfolgen. Zur Unterstützung dieser Therapieform haben Bund und Länder einen Leitfaden erarbeitet. Zielsetzung des Leitfadens ist es, die mit dieser Therapieform verbundenen Risiken zu minimieren, die dazu führen können, dass die Wirksamkeit der Tierarzneimittelanwendung beeinträchtigt wird, die Gefahr des Auftretens unerwünschter

Tierarzneimittel

»alle Stoffe oder Stoffzusammenstellungen, die mindestens eine der nachstehenden Voraussetzungen erfüllen,
a) sie sind zur Heilung oder zur Verhütung von Tierkrankheiten bestimmt;
b) sie sind dazu bestimmt, im oder am tierischen Körper angewendet oder einem Tier verabreicht zu werden, um entweder die physiologischen Funktionen durch eine pharmakologische, immunologische oder metabolische Wirkung wiederherzustellen, zu korrigieren oder zu beeinflussen,
c) sie sind dazu bestimmt, bei Tieren zum Zweck einer medizinischen Diagnose verwendet zu werden,
d) sie sind zur Euthanasie von Tieren bestimmt.«[1].

► **Weitere Informationen**
Der Leitfaden »Orale Anwendung von Tierarzneimitteln im Nutztierbereich über das Futter oder das Wasser«

www.bmel.de

[1] *Artikel 4 Nummer 1 der Verordnung (EU) 2019/6*

Tierarzneimittelwirkungen steigt, die Anwendersicherheit gefährdet ist, die Ausbreitung von Antibiotikaresistenzen gefördert wird oder die Qualität von Lebensmitteln tierischer Herkunft beeinträchtigt wird. Auch der Eintrag von Tierarzneimitteln in die Umwelt, insbesondere bei der Wassermedikation, ist zu bedenken. Diese Risiken lassen sich bei Beachtung der im Leitfaden beschriebenen Prinzipien minimieren. Der Leitfaden dient somit dem Tierschutz, dem Verbraucherschutz und der Lebensmittelsicherheit sowie der Effizienz der Tierhaltung.

10 Abgrenzung von Futtermitteln, Tierarzneimitteln und anderen Erzeugnissen

Um die Einordnung von Erzeugnissen in der Europäischen Union zu harmonisieren, hat die Europäische Kommission die Empfehlung 2011/25/EU zur Festlegung von Leitlinien für die Unterscheidung zwischen Einzelfuttermitteln, Futtermittelzusatzstoffen, Biozid-Produkten und Tierarzneimitteln veröffentlicht. In diesen Leitlinien sind die Begriffsbestimmungen und die einschlägigen rechtlichen Vorschriften für die Abgrenzung von Futtermitteln, Tierarzneimitteln und Bioziden zusammengefasst. Durch die Leitlinien wird verdeutlicht, dass bei der Einordnung von Erzeugnissen in die verschiedenen rechtlichen Kategorien jeweils im Einzelfall, die objektive Zweckbestimmung, die Aufmachung und noch weitere Faktoren zu berücksichtigen sind.

Zunächst ist es Aufgabe des Futtermittelunternehmers, auf der Grundlage der rechtlichen Rahmenbedingungen zu entscheiden, mit welcher rechtlichen Zuordnung er ein Erzeugnis in den Verkehr bringen oder verwenden will. Die zuständigen Behörden haben dann gegebenenfalls zu prüfen, ob sie diese Auffassung teilen oder ob nach ihrer Auffassung im konkreten Einzelfall ein Erzeugnis in eine andere Kategorie einzuordnen ist.

Ferner besteht die Möglichkeit, dass die Kommission eine Entscheidung gemäß Artikel 2 Abs. 3 der Verordnung (EG) Nr. 1831/2003 über die Verwendung von Zusatzstoffen in der Tierernährung darüber trifft, ob ein Stoff als Zusatzstoff gilt. Die Kommission hat bereits mit der Verordnung (EU) 892/2010 für eine Reihe von Stoffen entschieden, dass sie keine Futtermittelzusatzstoffe sind. Darüber hinaus kann die Kommission gemäß Artikel 7 Abs. 2 der Verordnung (EG) Nr. 767/2009 auch entscheiden, ob ein Erzeugnis ein Futtermittel im Sinne der Verordnung (EG) Nr. 767/2009 ist.

Die Schlüsselregelung für die Abgrenzung von Futtermitteln und Tierarzneimitteln ist die so genannte »Zweifelsfallregelung« in Artikel 2 Absatz 2 der Richtlinie 2004/28/EG des Europäischen Parlaments und des Rates vom 31. März 2004 zur Änderung der Richtlinie 2001/82/EG zur Schaffung eines Gemeinschaftskodexes für Tierarzneimittel. Darin heißt es *»In Zweifelsfällen, in denen ein Erzeugnis unter Berücksichtigung aller* *seiner Eigenschaften sowohl unter die Definition von ›Tierarzneimittel‹ als auch unter die Definition eines Erzeugnisses fallen kann, das durch andere gemeinschaftliche Rechtsvorschriften geregelt ist, gilt diese (Tierarzneimittel) Richtlinie«.*

In diesem Zusammenhang ist es wichtig darauf hinzuweisen, dass nur die Futtermittelzusatzstoffe, nicht aber die Einzelfuttermittel aus dem Anwendungsbereich der Zweifelsfallregelung in der Richtlinie 2004/28/EG ausgenommenen sind. Daraus ergibt sich auch, dass Futtermittelzusatzstoffe nicht zu Tierarzneimitteln »umgewidmet« werden dürfen.

Die Richtlinie 2001/82/EG zur Schaffung eines Gemeinschaftskodexes für Tierarzneimittel ist mit Wirkung 28. Januar 2022 durch die Verordnung 2019/6 vom 11. Dezember 2018 über Tierarzneimittel und zur Aufhebung

Prüfkaskade in vier Schritten zur Abgrenzung von Futtermitteln und Tierarzneimitteln

1. Prüffrage:

Ist der Stoff, unter Berücksichtigung des objektiven Verwendungszweckes als **Futtermittelzusatzstoff** im Sinne der Verordnung (EG) Nr. 1831/2003 anzusehen? Der »objektive Verwendungszweck« ergibt sich aus der wissenschaftlich begründeten Beurteilung der Wirkungen, die mit dem Stoff erreicht werden können, unabhängig davon, ob diese Wirkungen offengelegt, herausgestellt oder beabsichtigt sind.

Prüfkriterien:

- Prüfung des Registers[1] der zugelassenen Futtermittelzusatzstoffe.
- Im Falle, dass der Stoff noch nicht als Zusatzstoff zugelassen ist, ist zu prüfen, ob er gemäß den in Artikel 5 Abs. 3 der Verordnung (EG) Nr. 1831/2003 genannten Wirkungen in Verbindung mit den in Artikel 6 genannten Kategorien und den im Anhang I aufgeführten Funktionsgruppen objektiv der Verordnung (EG) Nr. 1831/2003 zuzuordnen ist. Danach muss *»der Futtermittelzusatzstoff (...)*
  a) die Beschaffenheit des Futtermittels positiv beeinflussen,
  b) die Beschaffenheit der tierischen Erzeugnisse positiv beeinflussen,
  c) die Farbe von Zierfischen und Vögeln positiv beeinflussen,
  d) den Ernährungsbedarf der Tiere decken,
  e) die ökologischen Folgen der Tierproduktion positiv beeinflussen,
  f) die Tierproduktion, die Leistung oder das Wohlbefinden der Tiere, insbesondere durch Einwirkung auf die Magen und Darmflora oder die Verdaulichkeit der Futtermittel, positiv beeinflussen oder
  g) eine kokzidiostatische oder histomonostatische Wirkung haben«.
- Gegebenenfalls kann auch eine neue Funktionsgruppe geschaffen werden. So wurden beispielsweise in den vergangenen Jahren Funktionsgruppen mit der Bezeichnung »Stoffe zur Verringerung der Kontamination von Futtermitteln mit Mykotoxinen«, »Stoffe zur Verbesserung der hygienischen Beschaffenheit von Futtermitteln« oder »Mittel zur Stabilisierung des physiologischen Zustands« ergänzt.

---

1) *Deutschsprachige Liste unter: www.bvl.bund.de/DE/Arbeitsbereiche/02_Futtermittel/03_AntragstellerUnternehmen/05_Zusatzstoffe_FM/03_Liste_zugelassene_Zusatzstoffe/fm_liste_zugelassener_zusatzstoffe_node.html*

2. Prüffrage:

Ist der Stoff unter Berücksichtigung des objektiven Verwendungszweckes als **Tierarzneimittel** anzusehen?

Prüfkriterien:

- Prüfung, ob der Stoff der Tierarzneimitteldefinition gemäß Artikel 1 Nr. 2 der Richtlinie 2004/28/EG entspricht. (*»Alle Stoffe oder Stoffzusammensetzungen, die im oder am tierischen Körper verwendet oder einem Tier verabreicht werden können, um entweder die physiologischen Funktionen durch eine pharmakologische, immunologische oder metabolische Wirkung wiederherzustellen, zu korrigieren oder zu beeinflussen, oder eine medizinische Diagnose zu erstellen.« [Funktionsarzneimittel]*).
- Gegebenenfalls Berücksichtigung weiterer Informationen zum Stoff an sich und zu den vom Inverkehrbringer herausgestellten Wirkungen.
- Gegebenenfalls Prüfung der Stoffe in Anhang I der Verordnung (EG) Nr. 37/2010 (Liste der pharmakologisch wirksamen Stoffe, für die keine Rückstandshöchstwerte erforderlich sind).

3. Prüffrage:

Ist der Stoff als **Einzelfuttermittel** anzusehen?

Prüfkriterien:

- Prüfung des EU-Katalogs der Einzelfuttermittel in der Verordnung (EU) 68/2013.
- Wenn der Stoff nicht im EU-Katalog gelistet ist, sind die Futtermittel- und Ernährungseigenschaften zu bewerten, zum Beispiel nach den Kriterien der Normenkommission des ZDL[1]. Danach muss das Erzeugnis oral in wirksamer Menge aufgenommen werden und
  - einen relevanten Beitrag zur Energie- oder Nährstoffversorgung leisten oder
  - zur Appetitanregung, Sättigung und Aufrechterhaltung bzw. Unterstützung der Funktion des Verdauungstraktes und/oder dessen Eubiose beitragen.
- *Grad der Standardisierung und Art dert Herstellung (z. B. Extrakt, Tinktur) gemäß der Empfehlung 2001/25/EU.*
- Hinweis: Auch die Einstufung eines Stoffes, der in das Feed Materials Register als Einzelfuttermittel eingetragen ist, steht grundsätzlich unter dem Vorbehalt der tatsächlichen Futtermittel- und Ernährungseigenschaften dieses Stoffes.

4. Prüffrage:

Ist der Stoff unter Berücksichtigung des Verwendungszweckes und der Aufmachung als Diätfuttermittel anzusehen?

Prüfkriterien:

- Prüfung der Liste der besonderen Ernährungszwecke in der Verordnung (EU) 2020/354 zur Erstellung eines Verzeichnisses der vorgesehenen Verwendungen von Futtermitteln für besondere Ernährungszwecke (Diätfuttermittel).
- Prüfung der herausgestellten Wirkungen im Hinblick auf besondere Eigenschaften zum Zweck der Hervorhebung des in Frage stehenden Futtermittels im Vergleich zu herkömmlichen Futtermitteln.

Hinweis: Gegebenenfalls kann auf Antrag ein neuer besonderer Ernährungszweck gemäß Artikel 10 der Verordnung (EG) Nr. 767/2009 festgelegt werden.

---

[1] *http://www.dlg.org/positivliste.html*

der Richtlinie 2001/82/EG aufgehoben worden. Die vorstehend beschriebene Zweifelsfallregelung wird mit der Bezeichnung Kollisionsnorm in Artikel 3 Absatz 1 der Verordnung (EU) 2019/6 (Tierarzneimittelverordnung) mit folgendem Wortlaut fortgeführt: *»Fällt ein Tierarzneimittel gemäß … der vorliegenden Verordnung gleichzeitig in den Geltungsbereich der Verordnung (EU) Nr. 528/2012* (Biozidprodukte) *oder der Verordnung (EG Nr. 1831/2003* (Futtermittelzusatzstoffe) *und ergibt sich ein Konflikt zwischen der vorliegenden Verordnung und der Verordnung (EU) Nr. 528/2012 oder der Verordnung (EG) Nr. 1831/2003, so hat die vorliegende Verordnung Vorrang.«* Zusätzlich wird die Kommission ermächtigt, in Durchführungsrechtakten zu bestimmen, ob ein spezifisches Erzeugnis oder eine Gruppe von Erzeugnissen als Tierarzneimittel einzustufen ist. Auf der Grundlage der vorstehend dargestellten rechtlichen Rahmenbedingungen und im Hinblick darauf, dass die neue Tierarzneimittelverordnung erst ab dem 28. Januar 2022 anzuwenden ist, kann die auf den Seiten 96 und 97 beschriebene Prüfkaskade an Hand von vier Prüffragen bei der Einordnung eines Erzeugnisses im Einzelfall bis zur Anwendung der neuen Tierarzneimittelverordnung als Hilfestellung dienen. Im Ergebnis der »Prüfkaskade« kann ein Erzeugnis gegebenenfalls in eine der genannten Kategorien eingeordnet werden.

Sofern keine der aufgeführten Prüffragen ein positives Ergebnis ergibt, bleibt zu prüfen, ob das Erzeugnis gegebenenfalls als Verarbeitungshilfsstoff im Sinne von Artikel 2 Absatz. 2 Buchstabe h) der Verordnung (EG) Nr. 1831/2003 (Verarbeitungshilfsstoffe sind *»an sich nicht als Futtermittel verwendete Stoffe, die bei der Verarbeitung von Futtermitteln oder Futtermittel-Ausgangserzeugnissen absichtlich zu dem Zweck verwendet werden, während der Be- oder Verarbeitung einen technologischen Zweck zu erfüllen, was zum Vorhandensein nicht beabsichtigter, aber technisch unvermeidbarer Rückstände oder Rückstandsderivate im Enderzeugnis führen kann, sofern sich diese Rückstände weder schädlich auf die Gesundheit von Tier und Mensch oder auf die Umwelt noch technologisch auf das Enderzeugnis auswirken.«*) oder als Biozid gemäß Artikel 2 Absatz 1 der Richtlinie 98/8/EG des Europäischen Parlaments und des Rates vom 16. Februar 1998 über das Inverkehrbringen von Biozid-Produkten (*»Biozid-Produkte«: Wirkstoffe und Zubereitungen, die einen oder mehrere Wirkstoffe enthalten, in der Form, in welcher sie zum Verwender gelangen, und die dazu bestimmt sind, auf chemischem oder biologischem Wege Schadorganismen zu zerstören, abzuschrecken, unschädlich zu machen, Schädigungen durch sie zu verhindern oder sie in anderer Weise zu bekämpfen«*) einzustufen oder einer anderen Stoffgruppe zuzuordnen ist.

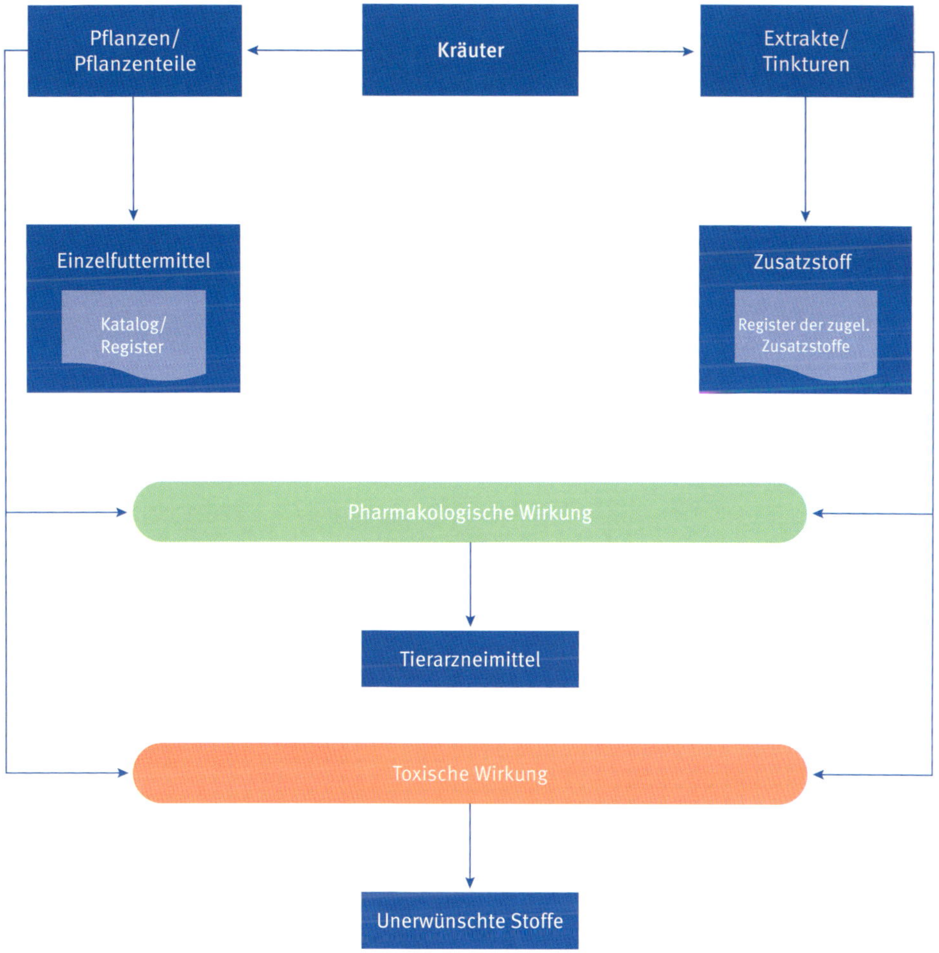

Abb. 10-1: Beispiel der futtermittelrechtlichen Einordnung von pflanzlichen Wirkstoffen (z. B. Kräuter)

Beispiel: Multifunktionale Zuordnung von Kräutern als Futtermittel, Tierarzneimittel oder unerwünschte Stoffe

Kräuter als Futtermittelzusatzstoffe

Extrakte, Tinkturen, Öle und ähnliche Konzentrate aus Kräutern sind, sofern sie Zusatzstoffunktionen erfüllen als Futtermittelzusatzstoffe einzuordnen. Kräuterextrakte sind überwiegend als Aromastoffe zugelassen. Einige Mischungen von Kräutern und deren Extrakte sind als sonstige zootechnische Futtermittelzusatzstoffe zugelassen (z. B. Zubereitung aus Kümmelöl, Zitronenöl und bestimmten getrockneten Kräutern und Gewürzen als Futtermittelzusatzstoff für entwöhnte Ferkel).[1)]

[1)] *Durchführungsverordnung (EU) Nr. 131/2012 (ABl. L 43 vom 16.2.2012, S. 15)*

Abb. 10-2: Zusätze von Kräutern erfüllen in Futtermitteln, je nach verwendeten Pflanzenarten und -teilen, ganz unterschiedliche Funktionen. Oregano (links), Brennesseln (Mitte) und Kamille (rechts) sind drei Beispiele für Kräuter, die in Futtermischungen verwendet werden.

Mit der Durchführungsverordnung (EU) Nr. 230/2013 wurden mehr als 1 400 Aroma- und appetitanregenden Stoffe vom Markt genommen. In keinem Fall wurde den Aroma- und appetitanregenden Stoffen mit der Marktrücknahme zugleich die Zusatzstoffeigenschaft aberkannt. Deshalb sind die Stoffe aus rechtlicher Sicht weiterhin als Futtermittelzusatzstoffe einzuordnen. Sie sind jedoch nicht mehr zugelassen und dürfen deshalb nicht mehr verwendet werden, und zwar auch nicht als Einzelfuttermittel. Dies gilt solange, bis über die Einordnung der vom Markt genommenen Zusatzsatzstoffe eine anderweitige Entscheidung getroffen wird.

Kräuter als Tierarzneimittel

Getrocknete Kräuter, Extrakte, Tinkturen, Öle und ähnliche Konzentrate können als Tierarzneimittel eingeordnet werden, wenn sie eine pharmakologische Wirkung erfüllen (z. B. Mariendistel, Weißdorn).

Kräuter als Einzelfuttermittel

Im EU-Katalog der Einzelfuttermittel gemäß Verordnung (EU) Nr. 68/2013 sind einige Einzelfuttermittel aufgeführt, denen Kräuter als ganze Pflanzen, Samen oder Teile von Pflanzen zugeordnet werden können (z. B. 7.3.1 Rinden, 7.4.1 Blüten, 7.7.1 Blätter oder 13.1.9 Erzeugnisse aus der Verarbeitung von Kräutern, jeweils mit dem Zusatz, dass die Pflanzenart zusätzlich anzugeben ist). Im Register der Einzelfuttermittel (Feed Material Register) gemäß Artikel 24 Absatz 6 der Verordnung (EU) Nr. 767/2009 sind darüber hinaus zahlreiche Heil- und Gewürzkräuter aufgeführt. Bei der Verwendung eines Stoffes aus dem Register der Einzelfuttermittel muss der Futtermittelunternehmer allerdings prüfen, ob der Stoff die Einzelfuttermitteleigenschaft im Sinne der Begriffsbestimmung für Einzelfuttermittel erfüllt. Sofern das Einzelfuttermittel die gesetzlichen Vorgaben für Einzelfuttermittel erfüllt und (hauptsächlich) zum Zweck der Tierernährung (Nährstoffversorgung) eingesetzt wird, dürfen auch objektiv nachweisbare Sonderwirkungen ausgelobt werden. Allerdings dürfen keine Aussagen zur Vorbeugung oder Heilung von Krankheiten gemacht werden.

Kräuter als Diätfuttermittel

Gegenwärtig ist in der Liste der besonderen Ernährungszwecke noch kein Ernährungszweck aufgeführt, der hinsichtlich der spezifischen ernährungsphysiologischen Eigenschaften auf Kräutern oder Erzeugnissen daraus basiert.

Kräuter als unerwünschte Stoffe

Kräuter können Inhaltsstoffe oder Eigenschaften haben, die dazu führen, dass die Gesundheit von Menschen oder Tieren geschädigt werden kann. In diesem Fall werden diese Stoffe als unerwünschte Stoffe eingeordnet (z. B. Pyrrolizidin-Alkaloide in Jacobskreuzkraut).

11 Veterinärrechtliche Vorschriften über die Verfütterung von Futtermitteln

Die Europäische Union (EU) produziert jährlich mehr als 20 Mio. Tonnen tierische Nebenprodukte. Um die Risiken, die sich aus diesen Erzeugnissen für die Gesundheit von Mensch und Tier ergeben, zu verhindern, wurde ein Rechtsrahmen für deren Sammlung, Verwendung und Beseitigung geschaffen. Zusätzlich sind Vorschriften festgelegt, um die Nutzung von Material tierischen Ursprungs für andere Verwendungszwecke zu erleichtern. Die Anforderungen an tierische Nebenerzeugnisse im Hinblick auf deren Verarbeitung zu und Verwendung als Futtermittel sind in der Verordnung (EG) Nr. 1069/2009 festgelegt.

Die **Verordnung (EG) Nr. 1069/2009 des Europäischen Parlaments und des Rates vom 21. Oktober 2009 mit Hygienevorschriften für nicht für den menschlichen Verzehr bestimmte tierische Nebenprodukte und zur Aufhebung der Verordnung (EG) Nr. 1774/2002** regelt die Bedingungen für die Verwendung von tierischen Nebenprodukten als Futtermittel und die Herstellung von Futtermitteln aus tierischen Nebenprodukten. Mit dieser Verordnung werden Vorschriften für den sicheren Umgang mit den tierischen Nebenprodukten festgelegt. Eckpunkte der Regelung sind:

- die Kategorisierung tierischer Nebenprodukte unter Risikoaspekten, auf deren Grundlage entschieden wird, ob sie für die Herstellung als Futtermittel, für die Herstellung technischer Erzeugnisse oder zu anderen Zwecken verwendet werden können oder beseitigt werden müssen,
- die Verpflichtung der Mitgliedstaaten und der Unternehmer, dafür zu sorgen, dass tierische Nebenprodukte schnellstmöglich eingesammelt und beseitigt werden,
- der Grundsatz, dass Produkte, deren Verfütterung dazu führen kann, dass die tierischen Erzeugnisse nicht für den menschlichen Verzehr geeignet sind, nicht in die Futtermittelkette für Nutztiere gelangen dürfen,
- das Verbot, Tiere einer Art mit Material von Tieren der gleichen Art zu füttern (»Verbot der Rückführung innerhalb derselben Tierart« als Prophylaxe vor Krankheiten).

Alle vom Tier stammenden Reststoffe, die nicht für den menschlichen Verzehr geeignet sind, sind tierische Nebenprodukte. Tierische Nebenprodukte müssen so verwertet oder sicher entsorgt werden, dass Risiken für die Gesundheit von Mensch und Tier verhindert oder gering gehalten und die Sicherheit der Lebensmittel- und Futtermittelkette gewährleistet werden.

Anwendungsbereich der Verordnung (EG) Nr. 1069/2009

Die Verordnung **gilt** für

- tierische Nebenprodukte und ihre Folgeprodukte, die gemäß den Gemeinschaftsvorschriften vom Verzehr durch Menschen ausgeschlossen sind und
- Produkte, die nach der Entscheidung des Unternehmers unwiderruflich von der Lebensmittelkette ausgeschlossen und für andere Zwecke als zum menschlichen Verzehr (z. B. Futtermittel) bestimmt sind.

Tierische Nebenprodukte

»Ganze Tierkörper oder Teile von Tieren oder Erzeugnisse tierischen Ursprungs sowie andere von Tieren gewonnene Erzeugnisse, die nicht für den menschlichen Verzehr bestimmt sind, einschließlich Eizellen, Embryonen und Samen.«[1)]

Die Verordnung **gilt nicht** für

- ganze Körper oder Teile von Wildtieren (mit Ausnahmen),
- Eizellen, Embryonen und Samen für Zuchtzwecke,
- Rohmilch, Kolostrum und daraus gewonnene Erzeugnisse, die im Ursprungsbetrieb gewonnen, aufbewahrt, beseitigt oder verwendet werden,
- Schalen von Weich- und Krebstieren ohne weiches Gewebe/Fleisch,
- Küchen- und Speiseabfälle (mit Ausnahmen),
- Material (Abfall), das bei der Verarbeitung von Fisch auf Seeschiffen anfällt,
- rohes Heimtierfutter aus Zerlege- und Zuschneide-Abfällen in Schlachterei-Geschäften,
- rohes Heimtierfutter aus Hausschlachtungen von Landwirten,
- Exkremente und Urin außer Gülle und nicht mineralisiertem Guano.

Kategorien von tierischen Nebenerzeugnissen

Tierische Nebenprodukte werden nach dem Grad der von ihnen ausgehenden Gefahr für die Gesundheit von Mensch und Tier in Kategorien eingestuft:

Kategorie 1: Material mit hohem Risiko ist grundsätzlich unschädlich zu beseitigen.

Kategorie 2: Material mit mittlerem Risiko ist unschädlich zu beseitigen oder kann zur Herstellung von Düngemitteln verwendet werden.

Kategorie 3: Material mit geringem Risiko kann grundsätzlich zur Fütterung aufbereitet werden.

Bedingung für das Inverkehrbringen tierischer Nebenprodukte und Folgeprodukte zur Fütterung von Nutztieren[2)] ist, dass es sich um ordnungsgemäß behandeltes und gesammeltes Material der Kategorie 3 aus zugelassenen oder

1) Artikel 3 Nummer 1 der Verordnung (EG) Nr. 1069/2009

2) Für Heimtierfutter gelten darüber hinaus Sonderregelungen.

registrierten Betrieben handelt. Einzelheiten dazu sind in der Verordnung (EG) 142/2011 festgelegt.

Endpunkt in der Herstellung von tierischen Nebenprodukten

Mit Verordnung (EG) Nr. 1069/2009 wird der Begriff »Endpunkt in der Herstellungskette von tierischen Nebenprodukten« eingeführt. Dabei handelt es sich um das Verarbeitungsstadium, ab dem tierische Nebenprodukte nicht mehr den spezifischen veterinärrechtlichen Anforderungen für diese Art von Erzeugnissen unterliegen, da die möglichen Gefahren durch bestimmte vorgeschriebene Behandlungen beseitigt wurden. Nach Erreichen des »Endpunktes«, ist die Wahrscheinlichkeit, dass das Endprodukt ein besonderes biologisches Risiko aufweist, äußerst gering.

Tierische Nebenprodukte, die den Endpunkt in der Herstellungskette erreicht haben, werden als **Folgeprodukte** bezeichnet. Für das Inverkehrbringen und die Verwendung von Folgeprodukten gelten dann nur noch die produktspezifischen Verkehrs- und Verwendungsvorschriften. Im Falle von Futtermitteln sind das die einschlägigen futtermittelrechtlichen Vorschriften.

Folgeprodukte
»Produkte, die durch Behandlungen, Umwandlungen oder Verarbeitungsschritte aus tierischen Nebenerzeugnissen gewonnen werden.«[1)]

Was müssen Unternehmer einhalten, die tierische Nebenprodukte herstellen und als Futtermittel in den Verkehr bringen?

Futtermittelunternehmer müssen für die Herstellung und das Inverkehrbringen von tierischen Nebenprodukten

- spezielle Vorschriften für die Sammlung, die Kennzeichnung und den Transport einhalten,
- die Rückverfolgbarkeit gewährleisten,
- sich vor Betriebsaufnahme registrieren lassen, mit Ausnahme von bereits nach der Verordnung (EG) Nr. 852/2004 (Lebensmittelhygieneverordnung) oder der Verordnung (EG) Nr. 853/2004 (Fleischhygieneverordnung) zugelassenen oder registrierten Betrieben und landwirtschaftlichen Betrieben oder anderen Anlagen, in denen Tiere gehalten, gezüchtet oder betreut werden,
- Anlagen oder Betriebe in bestimmten Fällen zulassen unter anderem für die Herstellung von Heimtierfutter oder für die Lagerung von Folgeprodukten, sofern diese nicht bereits nach Verordnung (EG) Nr. 183/2005 (Futtermittelhygiene-Verordnung) zugelassen sind,
- Eigenkontrollen durchführen und ein HACCP-System einrichten.

1) *Artikel 3 Nummer 2 der Verordnung (EG) Nr. 1069/2009*

Spezielle Vorschriften über den Umgang mit tierischen Nebenerzeugnissen

Mit Verordnung (EU) Nr. 142/2011 der Kommission (umfasst 254 Seiten!) wurden umfangreiche und detaillierte Durchführungsbestimmungen zur Verordnung (EG) Nr. 1069/2009 erlassen, so zum Beispiel:

- Beschränkungen für die Verwendung tierischer Nebenprodukte und Folgeprodukte,
- Anforderungen an Verarbeitungsbetriebe und andere Betriebe einschließlich Regelungen zur Registrierung und Zulassung von Anlagen und Betrieben,
- besondere Vorschriften für die Verfütterung, für Heimtierfutter und andere Folgeprodukte,
- Vorschriften zum Inverkehrbringen sowie zur Sammlung, zum Transport, zur Identifizierung, zur Rückverfolgbarkeit,
- Muster für Veterinärbescheinigungen.

► **Weitere Informationen**
EU – Handelspapier für die Beförderung von nicht zum menschlichen Verzehr bestimmten tierischen Nebenprodukten und Folgeprodukten

www.bmel.de

Lieferungen von tierischen Nebenprodukten und Folgeprodukten (z. B. Molke, Blutmehl), die nicht zum menschlichen Verzehr bestimmt sind, muss ein Handelspapier beigefügt werden.

Die **Verordnung (EU) Nr. 142/2011 der Kommission vom 25. Februar 2011 zur Durchführung der Verordnung (EG) Nr. 1069/2009 des Europäischen Parlaments und des Rates mit Hygienevorschriften für nicht für den menschlichen Verzehr bestimmte tierische Nebenprodukte sowie zur Durchführung der Richtlinie 97/78/EG des Rates hinsichtlich bestimmter gemäß der genannten Richtlinie von Veterinärkontrollen an der Grenze befreiter Proben und Waren** enthält Durchführungsmaßnahmen

- für die in der Verordnung (EG) Nr. 1069/2009 festgelegten Hygiene- und Tiergesundheitsvorschriften für tierische Nebenprodukte und Folgeprodukte sowie
- für bestimmte Proben und Waren, die gemäß Artikel 16 Absatz 1 Buchstaben a (Erzeugnisse, die im persönlichen Gepäck von Reisenden für ihren eigenen Verbrauch mitgeführt werden) und f (Erzeugnisse, die für besondere Studien oder für Analysen vorgesehen sind), der Richtlinie 97/78/EG von Veterinärkontrollen an der Grenze befreit sind.

Die Verordnung (EU) Nr. 142/211 ist seit ihrer Verkündung im Jahr 2011 mit Stand Mai 2020 insgesamt 20-mal geändert und 5-mal berichtigt worden.

Die Änderungen wurden notwendig, um der dynamischen Entwicklung des Wirtschaftssektors tierische Nebenerzeugnisse Rechnung zu tragen.

Nationale Rechtsvorschriften zur Durchführung der Verordnung (EG) Nr. 1069/2009 und der Verordnung (EG) Nr. 142/2011

Für die Durchführung der Verordnungen (EG) Nr. 1069/2009 und (EU) Nr. 142/2011 sind folgende nationale Rechtsvorschriften relevant:

- Tierische Nebenprodukte-Beseitigungsgesetz vom 25. Januar 2004 (BGBl. I S. 82), zuletzt geändert durch Artikel 1 des Gesetzes vom 4. August 2016 (BGBl. I S. 1966),
- Tierische Nebenprodukte-Beseitigungsverordnung vom 27. Juli 2006 (BGBl. I S. 1735), zuletzt geändert durch Artikel 3 des Gesetzes vom 4. Dezember 2018 (BGBl. I S. 2254),
- Tierische Nebenprodukte-Bußgeldverordnung vom 22. Dezember 2005 (BGBl. I S. 3712), zuletzt geändert durch Artikel 1 der Verordnung vom 7. Mai 2009 (BGBl. I S. 1044).

Vorschriften über die Verfütterung tierischer Nebenerzeugnisse an Nutztiere

Seit Anfang der 1980er Jahre traten mehrere transmissible spongiforme Enzephalopathien (TSE) bei Menschen (die Creutzfeldt-Jakob-Krankheit und ihre Varianten) und bei Tieren (insbesondere die Bovine Spongiforme Enzephalopathie (BSE)) auf. Als Ursache für diese Erkrankungen gilt die Verfütterung tierischer Nebenerzeugnisse an Wiederkäuer. Zur Abwehr dieser Gefahr wurden deshalb mit der Verordnung (EG) Nr. 999/2001 detaillierte Vorschriften für die Verfütterung von Futtermitteln tierischer Herkunft festgelegt.

Die **Verordnung (EG) Nr. 999/2001 des Europäischen Parlaments und des Rates vom 22. Mai 2001 mit Vorschriften zur Verhütung, Kontrolle und Tilgung bestimmter transmissibler spongiformer Enzephalopathien**
enthält Vorschriften zur Verhütung, Kontrolle und Tilgung transmissibler spongiformer Enzephalopathien bei Tieren.
Diese Verordnung gilt:

- für die Produktion und das Inverkehrbringen – und in bestimmten Sonderfallen für die Ausfuhr – von lebenden Tieren und von tierischen Erzeugnissen sowie
- für die Verfütterung tierischer Nebenprodukte.

Für die an der Erzeugung tierischer Lebensmittel beteiligten Unternehmen, insbesondere Futtermittelunternehmer und Tierhalter, sind die Vorschriften der Verordnung (EG) Nr. 999/2001 über die Herstellung und Verfütterung bestimmter Futtermitteln tierischer Herkunft an Nutztiere bedeutsam. Zusätzlich sind die Fütterungsbeschränkungen in der Verordnung (EG) Nr. 1069/2009 zu beachten, und zwar:

- das Verbot der Intraspezies-Fütterung von verarbeitetem tierischem Protein an Landtiere, (für Pelztiere gibt es Ausnahmen),
- das Verbot der Intraspezies-Fütterung von verarbeitetem tierischen Protein an Zuchtfische der gleichen Art,
- das Verbot der Verfütterung von Küchen- und Speiseabfällen an Nutztiere außer Pelztiere,
- das Verbot der Verfütterung von Grünfutter (Weidegang oder geschnitten) ohne ausreichende Wartezeit (mindestens 21 Tage) nach organischer Düngung.

Die Verordnung (EG) Nr. 999/2001 gilt unter anderem nicht für tierische Erzeugnisse, die für Ausstellungs-, Lehr- und Forschungszwecke, besondere Studien oder Analysen bestimmt sind, sofern diese Erzeugnisse nicht letztendlich von Menschen oder von anderen Tieren als den für die betreffenden Forschungsvorhaben gehaltenen verzehrt oder wieder verwendet werden.

Verfütterungsvebot von verarbeitetem tierischem Protein

Gemäß Artikel 7 in Verbindung mit Anhang IV Kapitel I der Verordnung (EG) Nr. 999/2001 ist die Verfütterung von tierischen Proteinen und Futtermitteln, die solche tierischen Proteine enthalten, an Wiederkäuer verboten. Darüber hinaus ist auch die Verfütterung von verarbeiteten tierischen Proteinen, Wiederkäuer-Kollagen Wiederkäuer-Gelatine, Blutprodukten, hydrolisierten Proteinen tierischen Ursprungs, Dicalcium- und Tricalcium-Phosphate tierischen Ursprungs sowie von Futtermitteln, die die vorgenannten tierischen Nebenprodukte enthalten, an Nutztiere – mit Ausnahme fleischfressender Pelztiere – grundsätzlich verboten.

Verarbeitetes tierisches Protein

»Ausschließlich aus Material der Kategorie 3 gewonnenes tierisches Protein, das gemäß Anhang X Kapitel II Abschnitt 1 [der Verordnung (EG) Nr. 142/2011] (einschließlich Blutmehl und Fischmehl) so verarbeitet wurde, dass es direkt als Futtermittel-Ausgangserzeugnis [Synonym: Einzelfuttermittel] oder auf andere Weise in Futtermitteln, einschließlich Heimtierfutter, ... verwendet werden kann. Nicht dazu gehören Blutprodukte, Milch, Erzeugnisse auf Milchbasis, aus Milch gewonnene Erzeugnisse, Kolostrum, Kolostrumerzeugnisse, Zentrifugen- oder Separatorenschlamm, Gelatine, hydrolysierte Proteine und Dicalciumphosphat, Eier und Ei-Erzeugnisse, einschließlich Eierschalen, Tricalciumphosphat und Kollagen«[1]

[1] *Anhang I Nummer 5 der Verordnung (EG) Nr. 142/2011*

Ausnahmen vom Verfütterungsverbot

Gemäß Anhang IV Kapitel II der Verordnung (EG) Nr. 999/2001 gilt das Verfütterungsverbot nicht für die Verwendung folgender Futtermittel und Proteine in der Fütterung folgender Nutztier-Gruppen.

- **Wiederkäuer:** Milch, Erzeugnisse auf Milchbasis, aus Milch gewonnene Erzeugnisse, Kolostrum und Kolostrumerzeugnisse, Eier und Eiprodukte, Nichtwiederkäuer-Kollagen und -Gelatine, hydrolysierte Proteine aus Teilen von Nichtwiederkäuern oder Wiederkäuerhäuten und -fellen, Fischmehl für die Verwendung in Milchaustauschfuttermitteln.
- **Nichtwiederkäuer:** Fischmehl, aus Teilen von Nichtwiederkäuern oder Häuten und Fellen von Wiederkäuern gewonnene hydrolysierte Proteine, Dicalzium- und Tricalciumphosphat tierischen Ursprungs, Nichtwiederkäuer-Blutprodukte.
- **Fische:** Aus Nichtwiederkäuern gewonnene Blutprodukte und Blutmehl.
- **Tier der Aquakultur:** Verarbeitetes tierisches Nichtwiederkäuer-Protein, ausgenommen Fischmehl, sowie verarbeitetes tierisches Protein aus Nutzinsekten.
- **Nutztiere:** Pflanzliche Futtermittel mit unerheblichen Mengen von Knochenspuren nicht zugelassener Tierarten, sofern Mitgliedstaaten von dieser Option Gebrauch machen (s. Sonderfall »Knochenspuren in pflanzlichen Futtermitteln«).

Abb. 11-1: Die Verfütterung von verarbeiteten tierischen Proteinen von Nichtwiederkäuern an Fische ist in der EU seit dem 1. Juni 2013 wieder erlaubt. Die technischen Vorgaben bezüglich Herstellung, Lagerung, Transport und Kennzeichnung von Fischfutter mit verarbeiteten tierischen Proteinen sind – wie die Vorgaben für Fischmehl – sehr streng.

Die Ausnahmen von den Verfütterungsverboten sind an zahlreiche Bedingungen hinsichtlich der Haltung der Tiere und die Beachtung von Besonderheiten beim Transport, bei der Lagerung und bei der Verwendung der Futtermittel geknüpft. Die Einzelheiten dazu sind detailliert im Anhang IV Kapitel III und IV der Verordnung (EG) Nr. 999/2001 beschrieben.

Zur Durchführung einer vorgeschriebenen Reinigung von Transportbehältern, sofern Futtermittel der Vorfracht für die Tierart nicht erlaubt waren, haben die Länder in Abstimmung mit dem Bund

► **Weitere Informationen**
Leitfaden für die Kontrolle der Anwendung der Bestimmungen nach Artikel 7 Abs. 1 und 2 in Verbindung mit Anhang IV Kapitel III, IV und V der Verordnung (EG) Nr. 999/2001 beim Transport von bestimmten Futtermitteln und für den Gebrauch von Ausnahmeregelungen

www.bmel.de

und der betroffenen Wirtschaft einen Leitfaden erarbeitet. Die Reinigung ist zu dokumentieren. Die Unterlagen sind mindestens zwei Jahre aufzubewahren.

Sonderfall: Knochenspuren in pflanzlichen Futtermitteln

Die Ausnahme für Knochenspuren in pflanzlichen Futtermitteln ist der Tatsache geschuldet, dass solche bodenbürtigen Knochensplitter aus dem natürlichen Kreislauf (stoffliche Umsetzung von Kleinsäugern und Vögeln in der Natur) unvermeidbar zu geringen Verunreinigungen des Erntegutes führen. Deshalb wurde für die Mitgliedstaaten[1)] die Möglichkeit eingeräumt, unter der Bedingung einer Risikobewertung in jedem Einzelfall mit Berücksichtigung von Grad der Kontamination, Art und Quelle der Kontamination sowie Verwendungszweck der Futtermittel die Verfütterung solcher Futtermittel zuzulassen. Dieser Aspekt wird bei einem Nachweis von Knochensplittern im Rahmen einer Risikobewertung durch die Behörde vor einer Freigabe der Futtermittel abgeprüft und dokumentiert.

► **Weitere Informationen**
Leitfaden für die Risikobewertung durch die zuständige Behörde bei der Durchführung der Ausnahmen vom Verfütterungsverbot gemäß § 15 der Futtermittelverordnung

www.bmel.de

Spezifische Begriffsbestimmungen bei den Verboten beachten

Für die in den Verfütterungsverboten und den Ausnahmen davon bezeichneten tierischen Nebenprodukte und Tierkategorien sind sehr detaillierte Begriffsbestimmungen in den Verordnungen (EG) Nr. 1069/2009 in Verbindung mit Verordnung (EG) Nr. 142/2011 sowie in der Verordnung (EG) Nr. 999/2001 festgelegt. Diese unterscheiden sich teilweise deutlich von den futtermittelkundlichen Beschreibungen im EU-Katalog der Einzelfuttermittel der Verordnung (EU) Nr. 68/2013.

Betriebslisten

Die Mitgliedstaaten übermitteln den übrigen Mitgliedstaaten und der Kommission ein aktuelles Verzeichnis der Schlachthöfe mit EU-Zulassung, in denen keine Wiederkäuer geschlachtet werden. Außerdem übermitteln sie die Liste der Betriebe, die zur Herstellung von Futtermitteln und der genannten Proteine zugelassen sind.

► **Weitere Informationen**
Betriebslisten der zugelassenen Betriebe in Deutschland, der EU und Drittstaaten

www.bmel.de

---

1) *Artikel 4 Absatz 4a i. V. m. Anhang IV Kapitel II Buchstabe e der Verordnung (EG) Nr. 999/2001*

Tab. 11-1: Welche Erzeugnisse tierischen Ursprungs dürfen an welche Tierarten verfüttert werden (Stand 2020)?

Erzeugnisse tierischen Ursprungs		Wiederkäuer	andere Nutztiere* (außer Fische)	Fische
Milch, Erzeugnisse auf Milchbasis, aus Milch gewonnene Erzeugnisse, Kolostrum und Kolostrumerzeugnisse		ja	ja	ja
Eier, Eierzeugnisse		ja	ja	ja
Verarbeitetes tierisches Protein (Kat. 3)	aus Wiederkäuern	nein	nein	nein
	aus Nichtwiederkäuern (ausgenommen Fischmehl und verarbeitetes Protein aus Nutzinsekten)	nein	nein	ja
Fischmehl		ja**	ja	ja***
Verarbeitetes tierisches Protein aus Nutzinsekten		nein	nein	ja
Blutprodukte	aus Wiederkäuern	nein	nein	nein
	aus Nichtwiederkäuern	nein	ja	ja
Kollagen und Gelatine	aus Wiederkäuern	nein	nein	nein
	aus Nichtwiederkäuern	ja	ja	ja
Hydrolysierte Proteine	aus Wiederkäuern (ausgenommen aus Wiederkäuerhäuten/-fellen)	nein	nein	nein
	aus Nichtwiederkäuern und aus Wiederkäuerhäuten/-fellen	ja	ja	ja
DCP/TCP tierischen Ursprungs		nein	ja	ja

* *ausgenommen fleischfressende Pelztiere*
** *Herstellung von Milchaustauschfuttermitteln für nicht abgesetzte Nutztierwiederkäuer*
*** *jedoch nicht Material von Zuchtfischen der gleichen Art*

Ausfuhr von verarbeiteten tierischen Proteinen und solches Protein enthaltenden Futtermitteln

1. Die Ausfuhr von verarbeitetem Wiederkäuer-Protein oder von verarbeitetem tierischem Protein, das sowohl von Wiederkäuern als auch Nichtwiederkäuern stammt, ist zulässig, wenn bestimmte Bedingungen erfüllt sind. Diese sind

- direkter Transport in versiegelten Behältnissen von der Verarbeitungsanlage zur Ausfuhrgrenzstelle,
- ordnungsgemäße Anmeldung bei der Grenzkontrollstelle durch den Unternehmer,
- ordnungsgemäß ausgefüllte Handelspapiere.

Weitere Vorschriften betreffen die Überwachung an der Ausfuhr-Grenzstelle und die Rückkopplung der Kontrollergebnisse an die für den Herkunftsbetrieb zuständige Überwachungsbehörde.

2. Abweichend vom Fall des direkten Transports vom Herstellerbetrieb zur Ausfuhr-Grenzkontrollstelle in versiegelten Behältnissen (s. Nummer 1) ist die Ausfuhr von Produkten, die verarbeitetes Wiederkäuer-Protein enthalten, verboten. Hiervon ausgenommen ist die Ausfuhr von verarbeitetem Heimtierfutter, das verarbeitetes Wiederkäuer-Protein enthält, welches

- in zugelassenen Heimtierfutterbetrieben verarbeitet wurde und
- gemäß den Unionsvorschriften verpackt und gekennzeichnet ist.

3. Im Übrigen ist die Ausfuhr von verarbeitetem tierischem Nichtwiederkäuer-Protein und solches Protein enthaltenden Mischfuttermitteln unter folgenden Bedingungen zulässig:

- Das verarbeitete tierische Nichtwiederkäuer-Protein wird in Verarbeitungsanlagen hergestellt, die bestimmte gesetzliche Vorschriften erfüllen, oder
- das Mischfuttermittel wird unter Verwendung von verarbeitetem tierischem Nichtwiederkäuer-Protein aus bestimmten Produktionsanlagen in Betrieben hergestellt, die
  - entweder ausschließlich Mischfuttermittel für die Ausfuhr herstellen und für diesen Zweck von der zuständigen Behörde zugelassenen sind
  - oder ausschließlich solche Mischfuttermittel für die Ausfuhr sowie Mischfuttermittel für Tiere in Aquakultur für den Verkehr in der Union herstellen und für diesen Zweck von der zuständigen Behörde zugelassen sind.

Weitere Vorschriften betreffen:

- die Verpackung und Kennzeichnung der Mischfuttermittel,
- den Transport und die Lagerung von losen Produkten,
- die Reinigung von Fahrzeugen, Containern und Lagereinrichtungen zum Zweck der Vermeidung von Verschleppungen,
- die behördliche Zulassung von Lagerbetrieben, in denen solche Produkte lose gelagert werden.

4. Für die Ausfuhr von Heimtierfutter, das verarbeitetes tierisches Nichtwiederkäuer-Protein enthält, in zugelassenen Heimtierfutterbetrieben verarbeitet wurde und gemäß den Unionsvorschriften verpackt und gekennzeichnet ist, sowie für Fischmehl, verarbeitetes tierisches Protein aus Nutzinsekten und Mischfuttermitteln mit Fischmehl oder verarbeitetem tierischem Protein aus Nutzinsekten gelten abweichende Bedingungen. Im Fall der Ausfuhr von verarbeitetem tierischem Nichtwiederkäuer-Protein für die Herstellung von

Heimtierfutter, organischen Düngemitteln oder Bodenverbesserungsmitteln ist jeder Sendung ein Analysezertifikat beizufügen zum Nachweis, dass das Produkt frei ist von Bestandteilen, die von Wiederkäuern stammen.

Inverkehrbringen und Einfuhr tierischer Erzeugnisse

Für die Einfuhr tierischer Erzeugnisse in die Europäische Union aus Drittstaaten gelten die gleichen Anforderungen, die innerhalb der Union Anwendung finden. Die Drittstaaten müssen also dafür sorgen, dass ihre Schlacht- und Verarbeitungsverfahren den EU-Vorschriften entsprechen. Entsprechende Vorschriften gelten auch für tierische Nebenprodukte als Einzelfuttermittel für die Herstellung von Futtermitteln.

12 Ein- und Ausfuhr von Futtermitteln

Einfuhr

In Artikel 11 der Verordnung (EG) Nr. 178/2002 ist vorgeschrieben, dass Futtermittel, die in der Europäischen Union in den Verkehr gebracht werden sollen, die Anforderungen des Lebensmittelrechts oder von der Gemeinschaft als gleichwertig anerkannte Anforderungen oder die Anforderungen entsprechender bilateraler Abkommen erfüllen müssen. Verantwortlich für die Einhaltung dieser Vorschrift ist der Importeur.

Bestimmte Anforderungen an die Lebensmittel und Futtermittel gelten – sofern nicht in besonderen Abkommen dazu anderweitige Regelungen getroffen wurden – erst ab dem Zeitpunkt der Einfuhr in die Europäische Union. So beginnt beispielsweise die Verpflichtung zur Rückverfolgbarkeit erst dann, wenn das Erzeugnis in die Europäische Union verbracht wird, nicht jedoch über alle Stufen der Herstellung außerhalb der Europäischen Union. Betriebe, die Futtermittel aus Drittländern einführen, müssen sicherstellen, dass

- das betreffende Land auf einer Liste steht, die gemäß der Verordnung (EU) 2017/625 über amtliche Kontrollen und andere amtliche Tätigkeiten zur Gewährleistung der Anwendung des Lebensmittel- und

Abb. 12-1: Die Einfuhrregelungen sollen sicherstellen, dass die Waren qualitativ den rechtlichen Bestimmungen der Europäischen Union entsprechen und nur sichere (genusstaugliche) Lebens- und Futtermittel eingeführt werden. Daneben soll verhindert werden, dass Krankheitserreger über die Waren eingeschleppt werden.

Futtermittelrechts und der Vorschriften über Tiergesundheit und Tierschutz, Pflanzengesundheit und Pflanzenschutzmittel (Verordnung über amtliche Kontrollen)[1] erstellt wurde,

- der Lieferbetrieb auf einer von den Drittländern geführten Liste aufgeführt ist, damit die Konformität mit den gemeinschaftlichen Hygienebestimmungen oder gleichwertigen Bestimmungen gewährleistet ist, und
- das eingeführte Futtermittel den gemeinschaftlichen oder gleichwertigen Bestimmungen oder den Bestimmungen in speziellen Abkommen entspricht.

Die vorstehenden Bestimmungen gelten jedoch erst, wenn die entsprechenden Listen erstellt sind.

Bis zur Erstellung der Liste der Drittländer durch die Kommission müssen Importeure, die bestimmte Futtermittelzusatzstoffe, Vormischungen und Mischfuttermittel aus Drittländern einführen, durch die zuständige Behörde gemäß § 17 Absatz 4 FMV zugelassen werden. Die zugelassenen Vertreter der Drittlandshersteller müssen die Anforderungen gemäß § 18 Absatz 4 FMV erfüllen.

▶ **Weitere Informationen**
Merkblatt für Zulassung und Registrierung von Drittlandsvertreter

www.bvl.bund.de

Abb. 12-2: Die Europäische Union ist bei Getreide ein Nettoexporteur und bei Eiweißfuttermitteln ein Nettoimporteur.

[1] Abl. L 95 vom 7.4.2017, S. 1

Tab. 12-1: Übersicht über besondere Einfuhrregelungen für Futtermittel

Futtermittel	Art der Regelung	Rechtsgrundlage
Erdnüsse und Erdnussprodukte aus bestimmten Ländern (Untersuchung auf Aflatoxin mit Festlegung der Häufigkeiten) Guarkernmehl und Erzeugnisse daraus mit Ursprung oder Herkunft Indien (Untersuchung auf Pentachlorphenol und Dioxine)	Regelung betrifft Lebens- und Futtermittel. Einfuhrregelung mit verstärkten Kontrollen nach festgelegtem Verfahren: – Vorabinformation über Eintreffen der Sendung, – Bestimmte Einfuhrorte (Bekanntmachung durch BVL), – Gemeinsames Dokument für die Einfuhr (GGED), – Maßnahmen bei Nichtkonformität, – Kosten trägt Unternehmer.	Durchführungsverordnung (EU) 2019/1793 der Kommission vom 22. Oktober 2019 über die vorübergehende Verstärkung der amtlichen Kontrollen und über Sofortmaßnahmen beim Eingang bestimmter Waren aus bestimmten Drittländern in die Union zur Durchführung der Verordnungen (EU) 2017/625 und (EG) Nr. 178/2002 des Europäischen Parlaments und des Rates
Bestimmte Erzeugnisse aus der Aquakultur, bestimmte Krebse, Naturdarme, Kaninchenfleisch, Honig, Gelee royale, Geflügelfleischerzeugnisse, Eier und Eiprodukte, Kittharz und Pollen aus China	Einfuhr der in Spalte 1 aufgeführten Erzeugnisse nur mit Bescheinigung der chinesischen Behörde über eine Untersuchung auf Rückstände an Chloramphenicol, Nitrofuran und zusätzlich bei Aquakulturprodukten auf Malachitgrün und Kristallviolet:	Entscheidung 2002/994/EG der Kommission über Schutzmaßnahmen betreffend aus China eingeführte Erzeugnisse tierischen Ursprungs, zuletzt geändert durch den Durchführungsbeschluss (EU) 2015/1068 vom 3.7.2015 in Verbindung mit § 31 FMV
Höchstgehalte für Cäsium 134 und Höchstgehalte für Cäsium 137 für Futtermittel aus Japan (40–100 Bq/kg* je nach Futtermittelart)	Futtermittel und Lebensmittel aus Japan Besondere Regelungen für die Einfuhr. – Analyseergebnis des Ursprungslandes, – Identifikationscode, – Hinweis auf Regionale Herkunft, – Vorabinformation über Eintreffen der Sendung, – Bestimmte Einfuhrorte (Bekanntmachung durch BVL), – Gemeinsames Dokument für die Einfuhr (GGED/GVDE), – Maßnahmen bei Nichtkonformität Kosten trägt Unternehmer.	Durchführungsverordnung (EU) Nr. 322/2014 vom 28. März 2014 zum Erlass von Sondervorschriften für die Einfuhr von Lebens- und Futtermitteln, deren Ursprung oder Herkunft Japan ist, nach dem Unfall im Kernkraftwerk Fukushima in Verbindung mit Bekanntmachung im Bundesanzeiger gemäß § 33 Abs. 2 Nr. 2 FMV**
Bestimmte Zusatzstoffe, Vormischungen und Futtermittel aus Drittländern	Einfuhr bestimmter Zusatzstoffe, Vormischungen und Futtermittel, die nur von zugelassenen Betrieben gemäß Artikel 10 Nummer 1 Buchstabe a und b der Verordnung (EG) Nr. 183/2005 oder § 18 Abs. 4 Satz 1 FMV in den Verkehr gebracht werden dürfen, aus einem Drittland.	§ 35 Abs. 1 und 2 FMV

* *Bequerel/kg*

** *Anwendung der EU-Vorschrift jeweils am Tag nach der Bekanntmachung des jeweiligen Rechtsaktes im Bundesanzeiger, sofern dort kein späterer Zeitpunkt bestimmt ist. Änderungen und Aufhebung des EU-Rechtsaktes werden ebenfalls im Bundesanzeiger bekannt gemacht.*

Die Regeln und Verfahrensweisen der zuständigen Behörden im Hinblick auf die Durchführung der amtlichen Kontrolle bei der Ein- und Ausfuhr von Futtermitteln sind umfassend und detailliert in der Verordnung (EU) 2017/625 sowie in den dazu erlassenen Durchführungsverordnungen und delegierten Rechtsakten der Kommission festgelegt. Bezüglich weiterer Einzelheiten dazu wird auf das Kapitel 13 Futtermittelkontrolle verwiesen.

Von besonderer Bedeutung für die Kontrolle von Lebens- und Futtermitteln ist die Durchführungsverordnung (EU) 2019/1793 der Kommission vom 22. Oktober 2019 über die vorübergehende Verstärkung der amtlichen Kontrollen und über Sofortmaßnahmen beim Eingang bestimmter Waren aus bestimmten Drittländern in die Union zur Durchführung der Verordnungen (EU) 2017/625 und (EG) Nr. 178/2002 des Europäischen Parlaments und des Rates[1)].

In dieser Verordnung ist festgelegt, welche Lebens- und Futtermittel bei ihrem Eingang in die EU wegen bestimmter Risiken vorübergehend verstärkten amtlichen Kontrollen unterliegen. Insbesondere werden in diesem Zusammenhang die (Mindest-)Häufigkeiten von Nämlichkeits- und Warenuntersuchungen für bestimmte Produkte aus bestimmten Drittstaaten im Hinblick auf bestimmte Risiken vorgeschrieben. Häufigstes Risiko bei Futtermitteln ist diesbezüglich die Kontamination von Erdnussprodukten aus bestimmten Drittstaaten mit AflatoxinB_1.

Ausfuhr

In Artikel 12 der Verordnung (EG) Nr. 178/2002 ist festgelegt, dass Futtermittel, die aus der EU ausgeführt oder wieder ausgeführt werden, die Anforderungen des Lebensmittelrechts erfüllen müssen, sofern die Behörden oder die gesetzlichen Bestimmungen des Einfuhrlandes nichts Anderes verlangen. Andernfalls dürfen sie nur dann ausgeführt werden, wenn die zuständige Behörde des Bestimmungslandes dem ausdrücklich zugestimmt hat, nachdem sie über die Gründe unterrichtet wurde, warum das Futtermittel in der EU nicht in den Verkehr gebracht werden darf. Futtermittel dürfen nicht aus der EU ausgeführt werden, wenn sie nicht sicher sind. Für Futtermittel, die an der Außengrenze der EU abgewiesen und zurückgesendet werden, gelten die Vorschriften von Artikel 72 der Verordnung (EU) 2017/625 des Europäischen Parlaments und des Rates über amtliche Kontrollen und andere amtliche Tätigkeiten zur Gewährleistung der Anwendung des Lebens- und Futtermittelrechts und der Vorschriften über Tiergesundheit und Tierschutz, Pflanzengesundheit und Pflanzenschutzmittel. Darüber hinaus sind etwaige Festlegungen in bilateralen Abkommen bei der Ausfuhr von Futtermitteln einzuhalten.

[1)] *ABl. L 277 vom 29.10. 2019, S. 89*

13 Futtermittelkontrolle

Die Überwachung des Verkehrs mit Futtermitteln wird in der Praxis üblicherweise als amtliche Futtermittelüberwachung oder amtliche Futtermittelkontrolle bezeichnet. Der Begriff umfasst jede Form der Kontrolle, die von der zuständigen Behörde zur Verifizierung der Einhaltung der Vorschriften des Futtermittelrechts durchgeführt wird.

Der Begriff »Verkehr mit Futtermitteln« umfasst jeglichen Umgang mit Futtermitteln, und zwar von der Gewinnung oder Herstellung bis hin zur Verwendung einschließlich aller damit in Zusammenhang stehenden Tätigkeiten wie zum Beispiel Inverkehrbringen, Kennzeichnen oder auch Werbung.

Einheitliche Regelungen zur Futtermittelkontrolle in der Europäischen Gemeinschaft wurden erstmals mit der Richtlinie 95/53/EG des Rates vom 25. Oktober 1995 mit Grundregeln für die Durchführung der amtlichen Futtermittelkontrollen festgelegt. Diese auf den Futtermittelbereich zugeschnittene Regelung wurde in Folge des mit der Verordnung (EG) Nr. 178/2002 eingeleiteten neuen Konzepts einheitlicher Regelungen zu Futtermitteln und Lebensmitteln aufgegeben und mit der Lebensmittelkontrolle zusammengeführt.

In Deutschland wurden bereits 1927 mit der Verordnung über die Probenahme von Futtermitteln vom 21. Juli 1927 Vorschriften zur Gewährleistung eines einheitlichen Vorgehens der Überwachungsbehörden erlassen, zum Beispiel bezüglich der Art der Probenahme, der Aufbewahrung der Proben, der Bescheinigung über die Probenahme sowie der Übersendung der Proben an die Untersuchungsstelle und die andere Vertragspartei. Die Verordnung wurde durch die Futtermittel-Probenahme- und –Analyseverordnung vom 21. März 1978 abgelöst. Mit dieser Verordnung wurden zum Beispiel auch bestimmte Vorgaben der einschlägigen Richtlinien der Europäischen Gemeinschaft in deutsches Recht übernommen. Die Futtermittel-Probenahme- und -Analyseverordnung wurde mit der Anwendung der Verordnung (EG) Nr. 882/2004 am 1. Januar 2006 obsolet und deshalb aufgehoben.

Nachfolgeregelung der Verordnung (EG) Nr. 882/2004 ist die Verordnung (EU) 2017/625 des Europäischen Parlaments und des Rates vom 15. März 2017 über amtliche Kontrollen und andere amtliche Tätigkeiten zur Gewährleistung der Anwendung des Lebens- und Futtermittelrechts und der Vorschriften über Tiergesundheit und Tierschutz, Pflanzengesundheit und Pflanzenschutzmittel, zur Änderung der Verordnungen (EG) Nr. 999/2001,

(EG) Nr. 396/2005, (EG) Nr. 1069/2009, (EG) Nr. 1107/2009, (EU) Nr. 1151/2012, (EU) Nr. 652/2014, (EU) 2016/429 und (EU) 2016/2031 des Europäischen Parlaments und des Rates, der Verordnungen (EG) Nr. 1/2005 und (EG) Nr. 1099/2009 des Rates sowie der Richtlinien 98/58/EG, 1999/74/EG, 2007/43/EG, 2008/119/EG und 2008/120/EG des Rates und zur Aufhebung der Verordnungen (EG) Nr. 854/2004 und (EG) Nr. 882/2004 des Europäischen Parlaments und des Rates, der Richtlinien 89/608/EWG, 89/662/EWG, 90/425/EWG, 91/496/EEG, 96/23/EG, 96/93/EG und 97/78/EG des Rates und des Beschlusses 92/438/EWG des Rates (Verordnung über amtliche Kontrollen). Die Verordnung wurde seither durch mehrere Durchführungsverordnungen und delegierte Rechtsakte ergänzt. Sie ist seit dem 14. Dezember 2019 anzuwenden.

Mit der **Verordnung (EU) 2017/625 des Europäischen Parlaments und des Rates vom 15. März 2017 über amtliche Kontrollen und andere amtliche Tätigkeiten zur Gewährleistung der Anwendung des Lebens- und Futtermittelrechts und der Vorschriften über Tiergesundheit und Tierschutz, Pflanzengesundheit und Pflanzenschutzmittel, zur Änderung der Verordnungen (EG) Nr. 999/2001, (EG) Nr. 396/2005, (EG) Nr. 1069/2009, (EG) Nr. 1107/2009, (EU) Nr. 1151/2012, (EU) Nr. 652/2014, (EU) 2016/429 und (EU) 2016/2031 des Europäischen Parlaments und des Rates, der Verordnungen (EG) Nr. 1/2005 und (EG) Nr. 1099/2009 des Rates sowie der Richtlinien 98/58/EG, 1999/74/EG, 2007/43/EG, 2008/119/EG und 2008/120/EG des Rates und zur Aufhebung der Verordnungen (EG) Nr. 854/2004 und (EG) Nr. 882/2004 des Europäischen Parlaments und des Rates, der Richtlinien 89/608/EWG, 89/662/EWG, 90/425/EWG, 91/496/EEG, 96/23/EG, 96/93/EG und 97/78/EG des Rates und des Beschlusses 92/438/EWG des Rates (Verordnung über amtliche Kontrollen)** werden einheitliche Standards bezüglich der Durchführung der amtlichen Kontrolle des Futtermittelsektors in den Mitgliedstaaten geschaffen. Ansatzpunkte hierfür sind unter anderem:

- die Festlegung allgemeiner Grundsätze für die Lebensmittel- und Futtermittelüberwachung in den Mitgliedstaaten,
- Regelungen über die Finanzierung der amtlichen Kontrollen
- die Festlegung der Rahmenbedingungen für die Durchführung der amtlichen Futtermittelüberwachung,
- die Festlegung der Bedingungen für das Verbringen von Tieren und Waren aus Drittländern in die EU,
- Regelungen über die Amtshilfe zwischen den Mitgliedstaaten und deren Zusammenarbeit,
- die Einrichtung eines computergestützten Informationssystems zur Verwaltung von Informationen und Daten über die amtliche Kontrolle,
- die Festlegung der Anforderungen an die Einrichtung und das Personal der Überwachungsbehörden sowie
- die Beschreibung der Rechte und Pflichten der der Kontrolle unterliegenden Einrichtungen und Betriebe.

Zielsetzung der Verordnung (EU) 2017/625 bei der amtlichen Kontrolle von Futtermitteln ist die Durchsetzung der hohen gesetzlichen Standards für die Futtermittelsicherheit. Darüber hinaus erhält die Verhinderung von Betrug ein größeres Gewicht. Durch die Einführung eines integrierten IT-System werden die Kontrollbehörden bei der Verfolgung von unerwünschten Handelspraktiken unterstützt.

Auch online gekaufte Produkte (»E-Commerce«) werden von den neuen Bestimmungen erfasst. So können die Mitgliedstaaten zu Kontrollzwecken Produkte online bestellen, ohne sich selbst zu identifizieren (d. h. geheimes Einkaufen) und die von Amts wegen erworbenen Produkte prüfen.

Die neue Verordnung über amtliche Kontrollen präzisiert und verschärft die Regeln für die Zusammenarbeit der Verwaltungen der EU-Mitgliedstaaten zur Gewährleistung der grenzüberschreitenden Durchsetzung der Vorschriften für die Lebensmittelkette. Die Mitgliedstaaten werden verpflichtet, den Informationsaustausch zwischen den zuständigen Behörden und anderen Behörden zu erleichtern und den Strafverfolgungsbehörden damit in Fällen der Nichteinhaltung von Regeln eine schnelle und effiziente Verfolgung von Verstößen über die Grenzen hinweg zu ermöglichen. Darüber hinaus wurden bestehende Computersysteme wie zum Beispiel TRACES, RASFF in ein integriertes Verwaltungssystem für amtliche Kontrollen (IMSOC) im Interesse einer optimalen Nutzung der Daten, der Verringerung der Belastung für Unternehmen und der Beschleunigung des Informationsaustauschs zwischen den Mitgliedstaaten zusammengeführt.

Was bedeutet amtliche Kontrolle und welchem Zweck dient sie?

Die amtliche Futtermittelkontrolle dient der Überwachung der Einhaltung der futtermittelrechtlichen Vorschriften im Hinblick auf

- die Sicherstellung der Unbedenklichkeit der vom Tier gewonnenen Lebensmittel für die menschliche Gesundheit,
- den Schutz der Tiergesundheit,
- die Verhinderung der Gefährdung des Naturhaushaltes durch in Futtermitteln enthaltene Stoffe und
- den Schutz vor Täuschung.

Die Verordnung (EU) 2017/625 über amtliche Kontrollen gilt für die amtlichen Kontrollen des Futtermittelsektors, mit denen die Einhaltung der Vorschriften überprüft werden soll, die auf Unionsebene oder von den Mitgliedstaaten zur Anwendung von EU-Recht in diesen Bereichen erlassen wurden. Hierzu zählen unter anderem:

- die Vorschriften über Futtermittel und Futtermittelsicherheit auf allen Stufen der Produktion, der Verarbeitung und des Vertriebs von Futtermitteln sowie über die Verwendung von Futtermitteln, einschließlich Vorschriften zur Gewährleistung fairer Handelspraktiken und über den Schutz der Gesundheit, der Interessen und der Information der Verbraucher, sowie
- die Vorschriften zur Verhütung und Minimierung von Risiken für die Gesundheit von Menschen und Tieren, die sich aus tierischen Nebenprodukten und Folgeprodukten ergeben.

Amtliche Kontrollen

»Tätigkeiten, die von den zuständigen Behörden oder von beauftragten Stellen oder natürlichen Personen, denen (nach der Verordnung (EU) 2017/625) bestimmte Aufgaben im Zusammenhang mit amtlichen Kontrollen übertragen wurden, durchgeführt werden, um zu überprüfen, ob die Unternehmer diese Verordnung und (im Falle von Futtermitteln) die Vorschriften über Futtermittel und Futtermittelsicherheit auf allen Stufen der Produktion, der Verarbeitung und des Vertriebs von Futtermitteln sowie die Verwendung von Futtermitteln einschließlich Vorschriften zur Gewährleistung fairer Handelspraktiken und über den Schutz der Gesundheit, der Interessen und der Information der Verbraucher einhalten.«[1]

Wesentliche Ansatzpunkte bei der Überwachung sind:

- Prozesskontrollen durch Betriebs- und Buchprüfungen,
- Produktkontrollen durch Überprüfung der Einhaltung der Vorschriften über Futtermittelzusatzstoffe, Vormischungen, Einzelfuttermittel, Mischfuttermittel, unerwünschte Stoffe, unzulässige Stoffe, verbotene Stoffe, Rückstände von Schädlingsbekämpfungsmitteln,
- Überwachung der Einhaltung der Vorschriften zur Bezeichnung und Kennzeichnung von Futtermitteln sowie der Verbote zum Schutz vor Täuschung und unlauterer Werbung.

Rahmenvorschriften für die amtliche Kontrolle

Zur Realisierung der Zielsetzung einer qualitativ und quantitativ einheitlichen Kontrolle in den Mitgliedstaaten der Europäischen Union werden in der Verordnung über amtliche Kontrollen und in den diese ergänzenden Durchführungsverordnungen und delegierten Rechtsakten Regelungen getroffen, so zum Beispiel bezüglich:

- Anforderungen an die finanzielle, materielle und personelle Ausstattung der Überwachungsbehörden,
- Fortbildung des Kontrollpersonals,
- Kontrollverfahren und Leitlinien,
- Delegation von Kontrollaufgaben,
- Methoden für Probenahme und Analyse,
- Einfuhrkontrollen,

---

[1] *Artikel 2 Absatz 1 Buchstabe a in Verbindung mit Artikel 1 Absatz 2 Buchstabe c der Verordnung (EU) 2017/625*

- Anforderungen an amtliche Laboratorien und Referenzlaboratorien,
- Kontrollpläne und Berichte,
- Transparenz der amtlichen Kontrollen,
- Finanzierung der amtlichen Kontrollen,
- Inspektionen der Kontrollbehörden in den Mitgliedstaaten durch die Dienststellen der Europäischen Kommission,
- Grundsätze der Durchführung der Kontrollen,
- Verschwiegenheitspflicht,
- Maßnahmen im Fall von Verstößen einschließlich Sanktionen,
- Pflichten der Unternehmer,
- Rechte und Pflichten der der Kontrolle unterliegenden Einrichtungen und Betriebe.

Weitere Einzelheiten zur Förderung einer einheitlichen Vorgehensweise der zuständigen Behörden in den Mitgliedstaaten werden in Durchführungsverordnungen der Kommission geregelt. Ein Beispiel hierfür ist die Verordnung (EG) Nr. 152/2009 der Kommission vom 27. Januar 2009 zur Festlegung der Probenahmeverfahren und Analysemethoden für die amtliche Untersuchung von Futtermitteln.

Wer ist für die Durchführung der amtlichen Kontrollen zuständig?

Zuständig für die Durchführung der amtlichen Kontrollen in der Europäischen Union sind die Mitgliedstaaten. Diese sind verpflichtet sicherzustellen, dass die amtlichen Kontrollen

- regelmäßig,
- auf der Grundlage einer Risikobewertung und
- mit angemessener Häufigkeit

durchgeführt werden.

In Deutschland sind die Länder für die Durchführung der amtlichen Futtermittelkontrolle zuständig. Die Zuständigkeit ergibt sich aus Artikel 83 des Grundgesetzes (GG). Danach führen die Länder die Bundesgesetze als eigene Angelegenheiten aus. Gemäß Artikel 84 GG regeln sie zu diesem Zweck die Einrichtung der Behörden und das Verwaltungsverfahren.

Rechtsgrundlage für die Durchführung der Futtermittelüberwachung ist § 38 LFGB. Danach richtet sich die Zuständigkeit für die Überwachung der nationalen und gemeinschaftsrechtlichen Vorschriften über Futtermittel nach Landesrecht. Ausgenommen hiervon sind die gemäß § 55 LFGB den Zollbehörden übertragenen Aufgaben bei der Ein- und Ausfuhr.

Die zuständigen Landesbehörden sind zur vertrauensvollen Zusammenarbeit mit anderen Behörden in Deutschland, der EU und weltweit verpflichtet. Zum Zweck der Überwachung kann die zuständige Behörde

- Anordnungen und Maßnahmen treffen,
- die Öffentlichkeit zum Zweck der Gefahrenabwehr informieren,
- unentgeltlich Proben entnehmen,
- Grundstücke und Räume betreten,
- Auskünfte und Dateneinsicht fordern (§ 44 LFGB).

Die Futtermittelunternehmer sind zur Duldung und Mitwirkung bei den Maßnahmen verpflichtet.
Die zuständige Behörde muss gewährleisten,

- dass das Kontrollpersonal die Kontrollen ohne Interessenkonflikte durchführt, hierzu gehört auch die Verpflichtung zur Amtsverschwiegenheit,
- dass angemessene Einrichtungen und Ausrüstungen zur Verfügung stehen,
- dass ausreichende Laborkapazitäten für Untersuchungen und
- ausreichendes, erfahrenes und qualifiziertes Personal zur Verfügung steht.

Leitgedanke für die Durchführung der amtlichen Kontrolle

Bei der Durchführung der amtlichen Kontrolle lassen sich die Behörden von dem in der Verordnung (EG) Nr. 178/2002 zum allgemeinen Lebensmittelrecht festgelegten Grundsatz leiten, dass der Futtermittelunternehmer für die Einhaltung der futtermittelrechtlichen Vorschriften einschließlich der Futtermittelsicherheit verantwortlich ist. Primärer Kontrollansatz der Behörden ist deshalb, die Überwachung der Einhaltung der Pflichten der Unternehmer.

Probenahme- und Analyseverfahren

Die Kontrollbehörden sind verpflichtet, geeignete Methoden für die Probenahme und Analyse anzuwenden. Zur Gewährleistung der Verlässlichkeit und Kohärenz der amtlichen Kontrollen und anderen amtlichen Tätigkeiten in der EU, sollen die für die Probenahme und für Laboranalysen, -tests und -diagnosen im Rahmen der amtlichen Kontrolle verwendeten Methoden wissenschaftlichen Standards genügen und solide und verlässliche Analyse-, Test- und Diagnoseergebnisse liefern. Vorgaben hierfür enthält die Verordnung (EG) Nr. 152/2009 der Kommission vom 27. Januar 2009 zur Festlegung der Probenahmeverfahren und Analysemethoden für die amtliche Untersuchung von Futtermitteln. Diese Verordnung ist weiterhin anzuwenden. Ferner werden in Artikel 34 der Verordnung (EU) 2017/625 für die Wahl der zu verwendenden Methode klare Regeln aufgestellt, wenn mehr als eine Methode aus unterschiedlichen Quellen verfügbar ist, beispielsweise von der ISO oder den Referenzlaboratorien der Europäischen Union und der Mitgliedstaaten oder auf Grund einer nationalen Rechtsvorschrift.

Gemäß Artikel 34 Absatz 1 der Verordnung (EU) 2017/625 sind bei der amtlichen Kontrolle vorrangig die im EU-Recht festgelegten Methoden für Probenahmen und für Laboranalysen, -tests und -diagnosen oder Methoden, die den dort festgelegten Leistungskriterien entsprechen, anzuwenden. Für die Futtermittelüberwachung sind dies bis auf Weiteres die in der Verordnung (EG) Nr. 152/2009 zur Festlegung der Probenahmeverfahren und Analysemethoden für die amtliche Untersuchung von Futtermitteln festlegten Methoden.

Für den Fall, dass keine Methodenvorschriften gemäß Artikel 34 Absatz 1 der Verordnung (EU) 2017/625 bestehen, ist in Artikel 34 Absatz 2 der Verordnung (EU) 2017/625 eine mehrstufige Rangfolge für die Auswahl einer geeigneten Methode vorgeschrieben. Für die Anwendung dieser Vorschrift in der Überwachungspraxis in Deutschland ist in § 28 FuttMV folgende Rangfolge festgelegt:

1. Amtliche Methode nach Verordnung (EG) Nr. 152/2009
2. International anerkannte Methode nach Artikel 34 der Verordnung über amtliche Kontrollen (z. B. CEN-Methode)
3. Vom BVL nach § 64 LFGB veröffentlichte Methode
4. VDLUFA-Methode
5. Gemäß wissenschaftlichen Protokollen entwickelte Methode

Sogenannte Hausmethoden oder Schnellmethoden dürfen zwar für Screening-Zwecke angewendet werden. Im Falle einer beabsichtigten Ahndung durch die Überwachungsbehörde muss das Ergebnis allerdings durch eine Untersuchung mit einer Methode unter Beachtung der vorstehenden Rangfolge verifiziert werden. Die Kontrolllaboratorien müssen akkreditiert sein. Sie werden durch EU und nationale Referenzlaboratorien unterstützt.

▶ **Weitere Informationen**
Amtliche Sammlung von Untersuchungsverfahren

www.bvl.bund.de

Mit dieser Regelung sollen eine Beliebigkeit bezüglich der Anwendung von Methoden vermieden und Rechtssicherheit für die zuständigen Behörden und die Wirtschaft gleichermaßen geschaffen werden.

Die amtliche Sammlung der Untersuchungsverfahren gemäß § 64 LFGB wird vom BVL veröffentlicht.

Organisation der Futtermittelüberwachung in Deutschland

Eine Übersicht über die mit Überwachungsangelegenheiten betrauten oder befassten Behörden gibt die Abbildung 13-1, die im Mehrjährigen nationalen Kontrollplan für den Zeitraum 2017 bis 2021 veröffentlicht ist. In der Übersicht sind die Zuständigkeiten und Kooperationen durch Pfeile gekennzeichnet.

Die Zuständigkeiten für die Durchführung der amtlichen Futtermittelüberwachung sind in den Bundesländern unterschiedlich geregelt. Einzelheiten dazu sind aus den Länderplänen im mehrjährigen nationalen Kontrollplan ersichtlich.

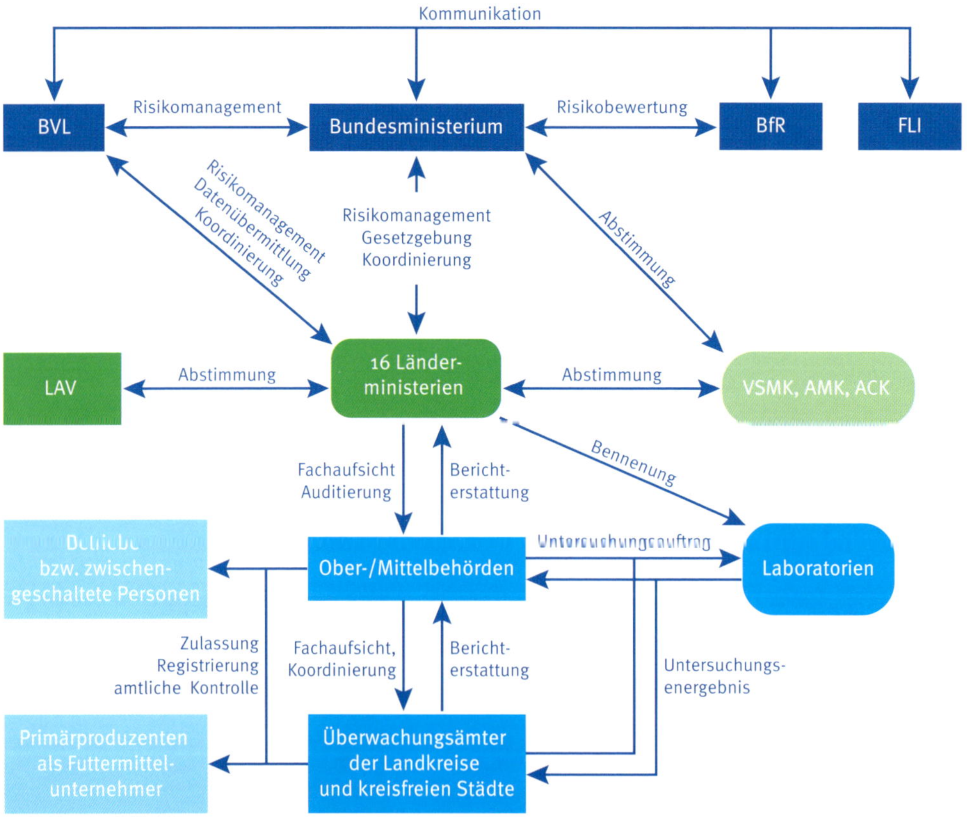

Abb. 13-1: Organisation der Futtermittelüberwachung in Deutschland

Quelle: Mehrjähriger nationaler Kontrollplan (2017–2021), S. 39

Behörden des Bundes

Bundesbehörden haben keine originären Zuständigkeiten für den Vollzug des Futtermittelrechts. Ihre Einbindung beschränkt sich auf die Koordinierung und Serviceleistungen für die Länder.

- Das **Bundesministerium für Ernährung, Landwirtschaft und Verbraucherschutz** (BMEL) ist als oberste Bundesbehörde zuständig für die Rechtsetzung und die Koordinierung der Durchführung der futtermittelrechtlichen Vorschriften.
- Das **Bundesamt für Verbraucherschutz und Lebensmittelsicherheit** (BVL) koordiniert die Durchführung der Futtermittelüberwachung, insbesondere durch Ausarbeitung des Rahmenplans der Kontrollaktivitäten und von Leitlinien sowie Beratung der Länder.
- Andere beteiligte Bundeseinrichtungen sind das **Bundesinstitut für Risikobewertung** (BfR), das für die Risikobewertung und Risikokommunikation im Hinblick auf von Lebensmitteln oder Futtermitteln ausgehenden Gesundheitsrisiken zuständig ist, und das **Institut für Tierernährung** im Friedrich-Loeffler-Institut.

Behörden der Länder

Die Bundesrepublik Deutschland besteht aus 16 unterschiedlich großen Ländern von 404 bis 70 000 km^2 mit eigenen Regierungen und Parlamenten, eigenen Verfassungen, unterschiedlichen kommunalen Strukturen, unterschiedlichen Strukturen der Land- und Futtermittelwirtschaft sowie unterschiedlichen finanziellen und personellen Ressourcen.

Die Länder regeln in eigener Zuständigkeit:

- die Organisation und die Durchführung der Kontrolle einschließlich der Maßnahmen bei der Feststellung von Verstößen,
- die Durchführung der Futtermittelkontrollen auf der Basis der Vorgaben im Kontrollplan,
- die Zulassung und Registrierung von Betrieben im Futtermittelsektor, sie halten die Verzeichnisse der registrierten und zugelassenen Betriebe aktuell,
- die Laboruntersuchungen und bestimmen die für amtliche Aufgaben herangezogenen sogenannte amtlichen Futtermittellaboratorien. Dies können sowohl private als auch öffentliche Laboratorien sein.

Zuständiges Gremium der Länder für Abstimmungen zum Vollzug des Futtermittelrechts mit dem Ziel der Harmonisierung des Vollzugs ist die **Arbeitsgruppe Futtermittel (AFU) der Länderarbeitsgemeinschaft Verbraucherschutz (LAV)**. Aufgaben der AFU sind:

- Erarbeitung gemeinsamer Konzepte und Unterlagen zur Umsetzung des Fachrechts und Durchführung der amtlichen Kontrollen,
- Erarbeitung gemeinsamer Standpunkte zu Rechtsetzungsfragen,
- Bearbeitung von Themen und Fragestellungen zum Umgang mit Futtermitteln und
- Zusammenarbeit mit den weiteren LAV-Arbeitsgruppen bei übergreifenden Fragestellungen.

Die **Fachgruppe VI Futtermittel** des Verbandes der Deutschen Landwirtschaftlichen Untersuchungs- und Forschungsanstalten (VDLUFA) unterstützt die Behörden bei der Durchführung der amtlichen Futtermittelüberwachung durch die Entwicklung und Validierung von Analyse-Methoden für die Untersuchung von Futtermitteln. Arbeitsschwerpunkte sind die Harmonisierung der Vorgehensweise bei der Probenvorbereitung und Analytik, die Attestierung und Bewertung von Messergebnissen, die Ermittlung und Anwendung von erweiterten Messunsicherheiten zwischen den Untersuchungseinrichtungen, die Erarbeitung und Anwendung von laborübergreifend harmonisierten erweiterten Messunsicherheiten in Form der Analysespielräume des VDLUFA für Futtermittel und deren ständige Überprüfung, die Erarbeitung und Validierung neuer chemischer, physikalischer, mikrobiologischer und molekularbiologischer Methoden, die Weiterentwicklung und Anpassung bestehender Methoden sowie die Durchführung und Auswertung von Ringanalysen.

Kontrolle durch nichtstaatliche Einrichtungen

Bestimmte Aufgaben der amtlichen Kontrolle können an nichtstaatliche Einrichtungen (beauftragte Stellen oder beauftragte natürliche Personen) übertragen werden. Die nichtstaatlichen Einrichtungen müssen die gleichen Bedingungen bezüglich der Durchführung der übertragenen Aufgaben erfüllen wie die staatlichen Stellen. Die übertragenen Aufgaben müssen genau benannt sein. Durchsetzungsmaßnahmen dürfen allerdings nicht an nichtstaatliche Stellen übertragen werden. Die zuständige Behörde überprüft, dass die nichtstaatlichen Stellen, denen Kontrollaufgaben übertragen worden sind, die übertragenen Aufgaben ordnungsgemäß und sachgerecht durchführen.

Mehrjähriger nationaler Kontrollplan (MNKP)

Gemäß Artikel 109 der Verordnung über amtliche Kontrollen müssen die Mitgliedstaaten einen **integrierten mehrjährigen nationalen Kontrollplan**

(MNKP) erstellen. In diesem Plan sind die nationalen Kontrollsysteme und Kontrolltätigkeiten für die Sektoren Lebensmittelsicherheit, Futtermittelsicherheit, Tiergesundheit, Tierschutz und Pflanzenschutz umfassend darzulegen. Der MNKP wird unter Berücksichtigung von Leitlinien erstellt, die von der Kommission in Absprache mit den Mitgliedstaaten ausgearbeitet wurden. Dadurch wird eine einheitliche Vorgehensweise bei der Erstellung der Pläne gefördert.

▶ **Weitere Informationen**
MNKP

www.bvl.bund.de

Der MNKP der Bundesrepublik Deutschland enthält einen **Rahmenplan und 16 Länderpläne.** Durch die Leitlinien der Kommission, die strategischen Ziele der Länderarbeitsgruppe Verbraucherschutz sowie die Risikokategorisierung der Aktivitäten der Futtermittelunternehmen wird eine einheitliche Struktur der Länderpläne im Hinblick auf die Vorgaben in Artikel 110 der Verordnung über amtliche Kontrollen gefördert.

Rahmenplan als Koordinierungsinstrument

Der Rahmenplan ist Teil des MNKP und dient als Koordinierungsinstrument. In ihm sind allgemeine Grundsätze, länderübergreifende Aktivitäten, Zuständigkeiten und Verfahrensweisen dargestellt, so zum Beispiel:

- Behörden des Bundes und deren Aufgaben,
- Zuständigkeiten der Bundes-, Landes-, Regional- und Kommunalbehörden,
- Koordinierung zwischen Bundesbehörden und Landesbehörden,
- Nationale Referenzlaboratorien,
- bundesweite Kontroll- und Monitoringprogramme,
- bundesweite Datenerhebung und EU-Berichterstattung,
- Mindestanforderung an die Ausbildung von Kontrollpersonal, Verbindungsstellen für Amtshilfe und Zusammenarbeit zwischen den Mitgliedstaaten,
- Regelung zur Überprüfung und Anpassung des Kontrollplans.

Integrierter mehrjähriger Kontrollplan

»Um die wirksame Umsetzung des Art. 17 Absatz 2 der Verordnung (EG) Nr. 178/2002, der Bestimmungen über Tiergesundheit und Tierschutz ... zu gewährleisten, erstellt jeder Mitgliedstaat einen einzigen integrierten mehrjährigen Kontrollplan.« Der aktuelle Kontrollplan ist auf Artikel 41 der (Verordnung (EG) Nr. 882/2004 gestützt. Für zukünftige Kontrollpläne ist die Rechtgrundlage Artikel 109 der Verordnung (EU) 2017/625.

Rahmenplan der Kontrollaktivitäten

Der Rahmenplan der Kontrollaktivitäten umfasst fünf Jahre (aktuell 2017–2021) und ist in das Konzept des MNKP integriert. Er umfasst alle Kontrollaufgaben auf dem Futtermittelsektor

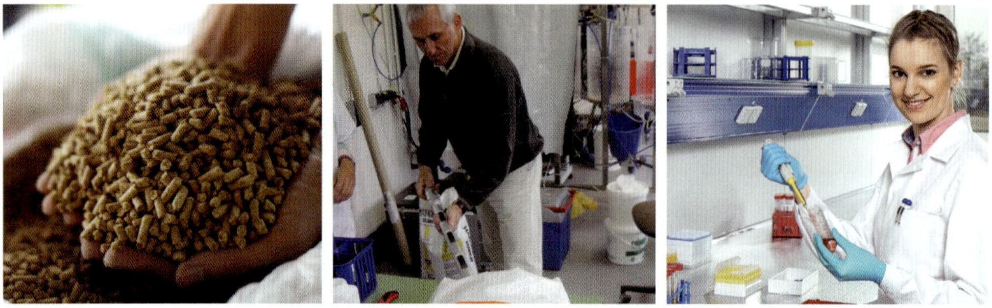

Abb. 13-2: Die amtliche Futtermittelüberwachung, als Teil des vorbeugenden Verbraucherschutzes, überwacht Erzeuger, Hersteller- und Handelsbetriebe von Futtermitteln aller Art. Die Futtermittelunternehmer müssen dafür Sorge tragen, dass die von ihnen erzeugten, hergestellten und gelieferten Futtermittel sicher sind.
Die Unbedenklichkeit von Futtermitteln für die Tiere und die daraus gewonnenen Lebensmittel wird anhand von Betriebsprüfungen, Probenahmen mit anschließenden Laboruntersuchungen – vorwiegend auf unerwünschte und verbotene Stoffe –, Kennzeichnungskontrollen und Maßnahmen zur Rückverfolgbarkeit von Futtermitteln auf allen Produktionsstufen überprüft.

und ist insbesondere ausgerichtet auf Risiken im Hinblick auf den Schutz der Gesundheit des Menschen und der Tiergesundheit. Elemente des Rahmenplans sind

- Betriebskontrollen,
- risikoorientierte Probenahme und Analyse sowie
- Empfehlungen im Rahmen von EU-koordinierten Kontrollprogrammen.

Der Schwerpunkt bei den analysebasierten Untersuchungen liegt auf der Untersuchung des Gehaltes an unerwünschten Stoffen, nicht zugelassenen Stoffen und verbotenen Stoffen. Die Untersuchungen auf Inhaltsstoffe und Energie wurden im letzten Jahrzehnt deutlich reduziert.

Von Kontrollen erfasst werden alle Stufen von der Futtermittelherstellung bis zur Verwendung wie zum Beispiel:

- Herstellerbetriebe von Mischfuttermitteln für Nutztiere,
- Herstellerbetriebe von Mischfuttermitteln für Heimtiere,
- Herstellerbetriebe von Futtermittelzusatzstoffen,
- Herstellerbetriebe von Vormischungen,
- Herstellerbetriebe von Einzelfuttermitteln,
- Trocknungsanlagen,

▶ Weitere Informationen
Kontrollprogramm Futtermittel für die Jahre 2017–2021

www.bmel.de

- Landwirte,
- Handelsbetriebe und Transporteure,
- Tierärzte, die Futtermittel abgeben,
- Importeure.

Seit 2013 ist die amtliche Futtermittelkontrolltätigkeit in die Allgemeine Verwaltungsvorschrift über Grundsätze zur Durchführung der amtlichen Überwachung der Einhaltung lebensmittelrechtlicher, weinrechtlicher, futtermittelrechtlicher und tabakrechtlicher Vorschriften (AVV RÜb) integriert. Die AVV RÜb soll zu einer einheitlichen Durchführung der Vorschriften des Lebensmittelrechts, des Rechts der tierischen Nebenprodukte, des Weinrechts, des Futtermittelrechts und des Tabakrechts durch die amtliche Kontrolle, insbesondere der Bestimmungen der europäischen Verordnung über amtliche Kontrollen beitragen. Sie enthält keine ergänzenden Bestimmungen zu der Verordnung (EU) 2017/625.

Die Ergebnisse der Durchführung des Kontrollprogramms werden veröffentlicht.

▶ Weitere Informationen
Allgemeine Verwaltungsvorschrift über Grundsätze zur Durchführung der amtlichen Überwachung der Einhaltung der Vorschriften des Lebensmittelrechts, des Rechts der tierischen Nebenprodukte, des Weinrechts, des Futtermittelrechts und des Tabakrechts (AVV Rahmen-Überwachung – AVV RÜb)

www.verwaltungsvorschriften-im-internet.de

▶ Weitere Informationen
Ergebnisse der amtliche Futtermittelüberwachung

www.bmel.de

Wie werden amtliche Kontrollen durchgeführt?

Die amtlichen Kontrollen werden regelmäßig und ohne Vorankündigung auf jeder Stufe der Herstellung, der Verarbeitung und des Vertriebs von Futtermitteln durchgeführt. Die Kontrollen werden in der Regel nach Maßgabe

- ▶ der identifizierten Risiken,
- ▶ der bei früheren Kontrollen gewonnenen Erfahrungen und Erkenntnisse,
- ▶ der Verlässlichkeit der von den Futtermittelunternehmern durchgeführten Eigenkontrollen sowie
- ▶ gegebenenfalls eines Verdachts auf mögliche Verstöße

zielgerichtet und risikoorientiert festgelegt.

Sonderfall Kontrolle des Internethandels

Seit dem 1. Januar 2016 ist eine gemeinsame Zentralstelle der Länder beim BVL eingerichtet, die die Länder bei der Überwachung des Internethandels unterstützt. Wesentliche Zielsetzung ist es, die zuständigen Behörden über die Angebote im

Internet zu unterrichten. Zu diesem Zweck übermittelt das Bundeszentralamt für Steuern auf Anforderung der Länder dem BVL gemäß § 38a LFGB die dem Bundeszentralamt für Steuern vorliegenden Daten über Unternehmen, die Erzeugnisse[1] des LFGB oder mit Lebensmitteln verwechselbare Produkte im Internet anbieten. Bei den Daten handelt es sich gemäß § 38a Absatz 2 LFGB um

- Name, Anschrift und Telekommunikationsinformationen des Unternehmens,
- eindeutige Ordnungsmerkmale, Domaininformationen und Landzuordnung,
- betroffene Erzeugnisse.

Die Daten werden vom BVL an die Bundesländer weitergeleitet. Futtermittelunternehmer, die im Internet agieren und die den Landesbehörden bisher noch nicht bekannt waren, werden so der Futtermittelkontrolle zugeführt.

Ein weiteres Aufgabenfeld der gemeinsamen Zentralstelle der Länder beim BVL ist die stichprobenartige Produktkontrolle. Hierbei wird systematisch nach potentiell nicht verkehrsfähigen Erzeugnissen recherchiert. Die Ergebnisse werden an die zuständigen Überwachungsbehörden der Länder bzw. Mitgliedstaaten oder auch Drittländer weitergeleitet, damit vor Ort Maßnahmen durch die zuständige Behörde ergriffen werden können.

Mit Artikel 36 der Verordnung (EU) 2017/625 haben die zuständigen Behörden zudem die Möglichkeit, anonym gekaufte Proben von im Rahmen von Fernkommunikationstechniken zum Verkauf angebotenen Waren zum Zweck der amtlichen Überwachung zu verwenden. Weiterführende Informationen zur Kontrolle des Internethandels sind auf der BVL-Homepage verfügbar.

Transparenz und Vertraulichkeit

Die zuständigen Behörden müssen die ihnen vorliegenden Informationen der Öffentlichkeit so rasch wie möglich zugänglich machen, vor allem wenn ein hinreichender Verdacht besteht, dass ein Lebens- oder Futtermittel ein Risiko für die Gesundheit von Menschen oder Tieren mit sich bringen kann.

In Deutschland sind die Behörden gemäß § 40 LFGB verpflichtet, die Bezeichnung des Produkts und den Namen des Unternehmens zu veröffentlichen, wenn ein gesetzlich festgelegter Höchstgehalt in Futtermitteln überschritten wurde oder der Unternehmer in nicht unerheblichem Maße oder wieder-

▶ Weitere Informationen
G@ZIELT: Sicher im Internet einkaufen

www.bvl.bund.de

[1] *Der Begriff »Erzeugnis« ist in § 2 Absatz 1 LFGB definiert und schließt auch Futtermittel ein.*

holt gegen sonstige den Verbraucherschutz, die Hygieneanforderungen oder den Täuschungsschutz betreffende Vorschriften, verstoßen hat.

> ▶ **Weitere Informationen**
> Verzeichnisse der Eingangsstellen, Grenzkontrollstellen und Kontrollstellen für Futtermittel nicht tierischen Ursprungs
>
> www.bvl.bund.de

Notfallpläne

Die Behörden haben Notfallpläne mit Maßnahmen, die unverzüglich durchzuführen sind, wenn sich herausstellt, dass ein Futter- oder Lebensmittel ein ernstes Risiko für die Gesundheit von Mensch oder Tier darstellt. Diese Notfallpläne enthalten Angaben über die zu beteiligenden Verwaltungsbehörden mit ihren Befugnissen und Zuständigkeiten.

Kontrollen von Futtermitteln aus Drittländern

Die Mitgliedstaaten führen regelmäßige Kontrollen von Futtermitteln durch, die in die EU importiert werden. Die Kontrollen umfassen eine Dokumentenprüfung und Nämlichkeitskontrolle sowie gegebenenfalls eine Warenkontrolle. Diese Kontrollaufgabe ist gemäß § 55 LFGB teilweise den Zollbehörden übertragen worden.

Auf Gemeinschaftsebene gibt es eine Liste von Futtermitteln (Durchführungsverordnung (EU) 2019/1793), bei denen erfahrungsgemäß häufiger Gefährdungen auftreten und die deshalb nach festgelegten Häufigkeiten kontrolliert werden müssen. Solche Futtermittel sind zum Zweck der Kontrollen in einer speziell dafür bestimmten und ausgerüsteten Grenzkontrollstelle vorzustellen. Die Kontrollen sind durchzuführen, bevor die Waren in den zollrechtlich freien Verkehr überführt werden. Die Liste der Grenzkontrollstellen wird vom BVL bekannt gemacht.

Futtermittel aus Drittländern, die nicht den Vorschriften der Europäischen Union genügen, können festgehalten oder beschlagnahmt werden. Sie werden vernichtet oder einer speziellen Behandlung unterzogen oder wieder in das Herkunftsland zurückgesandt. Die Kosten trägt der für die betreffende Sendung verantwortliche Futtermittelunternehmer.

Finanzierung amtlicher Kontrollen

Die Futtermittelüberwachung ist eine öffentliche Aufgabe und wird grundsätzlich durch Haushaltsmittel finanziert. Dies entspricht auch der Vorgabe in Artikel 78 der Verordnung (EU) 2017/625 über amtliche Kontrollen, wonach die Mitgliedstaaten für eine angemessene Mittelausstattung sorgen müssen, damit den zuständigen Behörden das notwendige Personal und die sonstigen notwendigen Ressourcen für amtliche Kontrollen und andere amtliche Tätigkeiten zur Verfügung stehen.

Zur Finanzierung der Kosten ist in Artikel 79 der Verordnung (EU) 2017/625 die Erhebung von Abgaben und Gebühren bei der Abfertigung von Waren und Tieren an Grenzkontrollstellen vorgeschrieben. Darüber hinaus ist es den Mitgliedstaaten nach Artikel 80 der Verordnung (EU) 2017/625 gestattet, auch für andere Tätigkeiten, Gebühren oder Abgaben zu erheben, um die Kosten für amtliche Kontrollen und andere amtliche Tätigkeiten zu decken. Einige Länder, zum Beispiel Niedersachsen, Schleswig-Holstein oder Nordrhein-Westfalen, machen von dieser Möglichkeit bereits Gebrauch.

Sofern bei amtlichen Kontrollen Verstöße gegen das Futtermittelrecht festgestellt wurden, werden Kosten für die erforderlichen Nachkontrollen in allen Bundesländern erhoben.

Berichtspflichten der Mitgliedstaaten

Die Mitgliedstaaten legen der Kommission jährlich einen Bericht über die durchgeführten Kontrollen vor. Auf der Grundlage der Berichte der Mitgliedstaaten und der Ergebnisse von Kommissions-Audits in den Mitgliedstaaten erstellt die Kommission einen allgemeinen Bericht über die Kontrollen in den Mitgliedstaaten. Dieser Bericht wird dem Europäischen Parlament und dem Rat vorlegt und veröffentlicht.

Gemeinschaftskontrollen in den Mitgliedstaaten und in Drittländern

Die EU-Kommission (Abteilung Health and Food Audits and Analysis) führt regelmäßig Audits und Inspektionen der Kontrolleinrichtungen und der Durchführung der Kontrollen in den Mitgliedstaaten durch. Die Kommission erstellt zu jeder Kontrolle einen Bericht über die Ergebnisse. Dieser Bericht enthält gegebenenfalls Empfehlungen an die Mitgliedstaaten mit erforderlichen Korrekturmaßnahmen.

Sachverständige der Kommission führen auch Kontrollen in Drittländern durch. Drittländer müssen für Futtermittel, die sie in die EU ausführen, ähnliche Kontrollpläne erstellen, wie sie für die Mitgliedstaaten vorgesehen sind. Diese Pläne müssen die besondere Situation und Struktur des Drittlandes sowie die Art der ausgeführten Produkte berücksichtigen.

Kontrollpersonal

In Deutschland sind etwa 220 Personen (Vollzeitbeschäftigte) in den zuständigen Futtermittelüberwachungsbehörden und mehr als 150 Personen in den amtlichen Futtermittellaboratorien beschäftigt.

Die Anforderungen an das Kontrollpersonal sind in der Futtermittelkontrolleur-Verordnung festgelegt, und zwar unter anderem:

1. Anforderungen an die Sachkunde und den Nachweis der Sachkunde,
2. Fortbildung im Bereich Futtermittelrecht, Tierernährung, Futtermittelsicherheit, Futtermittelherstellung, Probenahme und Analyse,
3. praktische Unterweisungen, Prüfungsbedingungen und Prüfungsverfahren.

Die theoretische und praktische Ausbildung zum Futtermittelkontrolleur dauert mindestens sechs Monate, darunter mindestens zehn Wochen theoretischer Unterricht, und endet mit einer Abschlussprüfung. Eingangsvoraussetzungen sind der Abschluss

- eines Hochschulstudiums im Bereich der Agrarwirtschaft, Ernährungswissenschaft, Veterinärmedizin oder Lebensmittelchemie durch ein Zeugnis,
- in einem Beruf, der Kenntnisse und Fertigkeiten auf dem Gebiet der Herstellung von Futtermitteln verlangt, eine erfolgreich abgelegte Fortbildungsprüfung, insbesondere Meisterprüfung, auf Grund des Berufsbildungsgesetzes oder der Handwerksordnung und eine daran anschließende mindestens dreijährige leitende Tätigkeit in einem Betrieb der Futtermittelwirtschaft oder
- als Techniker oder Absolvent eines gleichwertigen Bildungsgangs der Fachrichtung Agrarwirtschaft mit staatlicher Abschlussprüfung und Nachweis der Qualifikation durch ausreichende Fachkenntnisse und Erfahrungen, insbesondere durch eine mindestens dreijährige leitende Tätigkeit bei der Mischfutter-, Vormischungs- oder Zusatzstoffherstellung.

Nationale Durchsetzungsmaßnahmen

Wird bei den amtlichen Kontrollen ein Verstoß gegen das Futtermittelrecht festgestellt, so trifft die zuständige Behörde die erforderlichen Maßnahmen. Sie berücksichtigt dabei die Art des Verstoßes und das bisherige Verhalten des betreffenden Unternehmers mit Blick auf Verstöße. Bei den Vollzugsmaßnahmen kann es sich um Verwaltungsmaßnahmen (Marktrücknahme des Produktes, Vernichtung des Produktes, Schließung eines Futtermittelunternehmens, Entzug der Zulassung des Unternehmens usw.) oder Sanktionen (Verwarnung, Bußgeld, Freiheitsentzug) handeln. Die Straf- und Ordnungswidrigkeitenvorschriften sind entsprechend dem Grundsatz »keine Strafe ohne Gesetz« im LFGB (Abschnitt 10, §§ 58, 59, 60) oder in der FuttMV (§§ 38 bis 47a) genau benannt. Wesentlicher Gesichtspunkt bei der Strafzumessung ist dabei im konkreten Einzelfall der Aspekt, ob eine Tat vorsätzlich oder fahrlässig begangen wurde.

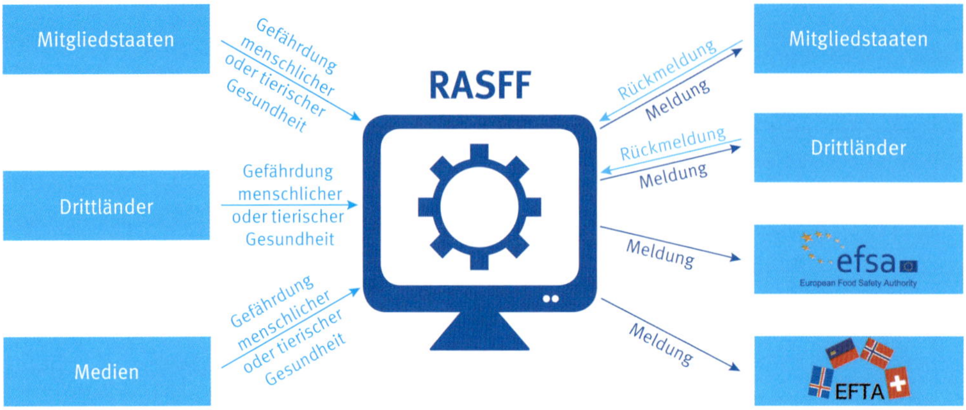

Abb. 13-3: EU-Schnellwarnsystems

Arten von Meldungen

Warnmeldungen werden gesendet, wenn ein Lebens- oder Futtermittel, das ein ernstes Gesundheitsrisiko darstellt, in Verkehr gebracht wurde und Sofortmaßnahmen erforderlich sind. Das RASFF-Mitglied, das das Problem entdeckt hat und die entsprechenden Maßnahmen ergreift (z. B. das Produkt vom Markt nimmt), löst die Warnung aus. Ziel der Meldung ist es, allen RASFF-Mitgliedern die entsprechenden Informationen zu übermitteln, damit sie überprüfen können, ob das fragliche Erzeugnis auf ihrem jeweiligen Markt erhältlich ist und damit sie gegebenenfalls die erforderlichen Maßnahmen ergreifen können.

Grenzzurückweisungen betreffen Lebensmittel- und Futtermittellieferungen, die an der EU-Außengrenze (und an der Grenze des Europäischen Wirtschaftsraums – EWR) geprüft und zurückgewiesen wurden und bei denen ein Gesundheitsrisiko festgestellt wurde. Die Meldungen werden an alle Kontrollstellen der Außengrenze des EWR gesendet, damit die Kontrollen verstärkt werden können und damit sichergestellt wird, dass die zurückgewiesene Ware nicht über eine andere Stelle in die EU eingeführt wird.

Informationsmeldungen erfolgen, wenn ein Risiko in Bezug auf Lebens- oder Futtermittel festgestellt wurde, die auf dem Markt erhältlich sind, aber keine dringenden Maßnahmen anderer Mitglieder erforderlich sind. Das wäre zum Beispiel der Fall, wenn das Erzeugnis den jeweiligen Markt nicht erreicht hat, dort nicht mehr erhältlich ist oder das mit ihm verbundene Risiko gering ist.

Alle Informationen in Bezug auf die Sicherheit von Lebensmitteln und Futtermitteln, die nicht als Warn- oder Informationsmeldung übermittelt wurden, sondern die lediglich als interessant für die Kontrollbehörden eingestuft wurden, werden den Mitgliedern unter der Überschrift **»Nachricht«** übermittelt.

Europäisches Schnellwarnsystem

Mit Artikel 50 der Verordnung (EG) Nr. 178/2002 wurde das Europäische Schnellwarnsystem für Lebensmittel und Futtermittel (Rapid Alert System for Food and Feed – RASFF) eingerichtet. Das RASFF besteht aus den Mitgliedern des Netzes für Meldungen. Dies sind die Kontaktstellen der Mitgliedstaaten, der Kommission, der Europäischen Lebensmittelbehörde (EFSA) und gegebenenfalls Drittländer und internationaler Organisationen durch Abkommen. Sofern einem Mitglied des Netzes Informationen über Futtermittel vorliegen, von denen ein ernstes unmittelbares oder mittelbares Risiko für die menschliche oder tierische Gesundheit oder die Umwelt ausgehen kann, sind diese Informationen der Kommission unverzüglich über das Schnellwarnsystem zu melden. Die Kommission leitet diese Informationen unverzüglich an die Mitglieder des Netzes weiter.

In Deutschland ist das BVL Kontaktstelle des RASFF und veröffentlicht einen Link zu den täglichen Meldungen auf der Internetseite der Europäischen Kommission.

► **Weitere Informationen**
Meldungen im Europäischen Schnellwarnsystem für Lebensmittel und Futtermittel

www.bvl.bund.de

Übersicht über die Rechtsvorschriften

Die Liste der Rechtsvorschriften ist getrennt nach EU und national und entsprechend ihrer ersten Erwähnung im Text sortiert.

Europäische Rechtsvorschriften

Verordnung (EG) Nr. 999/2001 des Europäischen Parlaments und des Rates vom 22. Mai 2001 mit Vorschriften zur Verhütung, Kontrolle und Tilgung bestimmter transmissibler spongiformer Enzephalopathien (ABl. L 147 vom 31. Mai 2001, S. 1)

Verordnung (EG) Nr. 178/2002 des Europäischen Parlaments und des Rates vom 28. Januar 2002 zur Festlegung der allgemeinen Grundsätze und Anforderungen des Lebensmittelrechts, zur Errichtung der Europäischen Behörde für Lebensmittelsicherheit und zur Festlegung von Verfahren zur Lebensmittelsicherheit (ABl. EU Nr. L 31 vom 1. Februar 2002, S. 1)

Richtlinie 2002/32/EG des Europäischen Parlaments und des Rates vom 7. Mai 2002 über unerwünschte Stoffe in der Tierernährung (ABl. L 140, 30. Mai 2002, S. 10)

Entscheidung der Kommission 2002/994/EG der Kommission vom 20. Dezember 2002 über Schutzmaßnahmen betreffend aus China eingeführte Erzeugnisse tierischen Ursprungs (ABl. L 348, 21. Dezember 2002, S. 154)

Verordnung (EG) Nr. 1829/2003 des Europäischen Parlaments und des Rates vom 22. September 2003 über genetisch veränderte Lebensmittel und Futtermittel (ABl. L 268 vom 18. Oktober 2003, S. 1)

Verordnung (EG) Nr. 1830/2003 des Europäischen Parlaments und des Rates vom 22. September 2003 über die Rückverfolgbarkeit und Kennzeichnung von genetisch veränderten Organismen und über die Rückverfolgbarkeit von aus genetisch veränderten Organismen hergestellten Lebensmitteln und Futtermitteln sowie zur Änderung der Richtlinie 2001/18/EG (ABl. L 268 vom 18. Oktober 2003, S. 24)

Verordnung (EG) Nr. 1831/2003 des Europäischen Parlaments und des Rates vom 22. September 2003 über Zusatzstoffe zur Verwendung in der Tierernährung (ABl. L 268 vom 18. Oktober 2003, S. 29)

Verordnung (EG) Nr. 183/2005 des Europäischen Parlaments und des Rates vom 12. Januar 2005 mit Vorschriften für die Futtermittelhygiene (ABl. L 35 vom 8. Februar 2005, S. 1)

Verordnung (EG) Nr. 396/2005 des Europäischen Parlaments und des Rates vom 23. Februar 2005 über Höchstgehalte an Pestizidrückständen in oder auf Lebens- und Futtermitteln pflanzlichen und tierischen Ursprungs und zur Änderung der Richtlinie 91/414/EWG (ABl. L 70 vom 16. März 2005, S. 1)

Empfehlung 2006/576/EG der Kommission vom 17. August 2006 betreffend das Vorhandensein von Deoxynivalenol, Zearalenon, Ochratroxin A, T-2- und HT-2-Toxin sowie von Fumonisinen in zur Verfütterung an Tiere bestimmten Erzeugnissen (ABl. L 229 vom 23. August 2006, S. 7)

Empfehlung 2006/583/EG der Kommission vom 17. August 2006 zur Prävention und Reduzierung von Fusarientoxinen in Getreide und Getreideprodukten (ABl. L 234 vom 29. August 2006, S. 35)

Verordnung (EG) Nr. 429/2008 der Kommission vom 25. April 2008 mit mit Durchführungsbestimmungen zur Verordnung (EG) Nr. 1831/2003 des Europäischen Parlaments und des Rates hinsichtlich der Erstellung und Vorlage von Anträgen sowie der Bewertung und Zulassung von Futtermittelzusatzstoffen (ABl. L 133 vom 22. Mai 2008, S. 1)

Verordnung (EG) Nr. 152/2009 der Kommission vom 27. Januar 2009 zur Festlegung der Probenahmeverfahren und Analysemethoden für die amtliche Untersuchung von Futtermitteln (ABl. L 54 vom 26. Februar 2009, S. 1)

Verordnung (EG) Nr. 767/2009 des Europäischen Parlaments und des Rates vom 13. Juli 2009 über das Inverkehrbringen und die Verwendung von Futtermitteln, zur Änderung der Verordnung (EG) Nr. 1831/2003 des Europäischen Parlaments und des Rates und zur Aufhebung der Richtlinien 79/373/EWG des Rates, 80/511/EWG der Kommission, 82/471/EWG des Rates, 83/228/EWG des Rates, 93/74/EWG des Rates, 93/113/EG des Rates und 96/25/EG des Rates und der Entscheidung 2004/217/EG (ABl. L 229 vom 1. September 2009, S. 1)

Verordnung (EG) Nr. 1069/2009 des Europäischen Parlaments und des Rates vom 21. Oktober 2009 mit Hygienevorschriften für nicht für den menschlichen Verzehr bestimmte tierische Nebenprodukte und zur Aufhebung der Verordnung (EG) Nr. 1774/2002 (ABl. L 300 vom 14. November 2009, S. 1)

Verordnung (EU) Nr. 37/2010 der Kommission vom 22. Dezember 2009 über pharmakologisch wirksame Stoffe und ihre Einstufung hinsichtlich der Rückstandshöchstmengen in Lebensmitteln tierischen Ursprungs (ABl. L 15 vom 20. Januar 2010, S. 1)

Verordnung (EU) Nr. 892/2010 der Kommission vom 8. Oktober 2010 über den Status bestimmter Erzeugnisse hinsichtlich Futtermittelzusatzstoffen im Sinne der Verordnung (EG) Nr. 1831/2003 des Europäischen Parlaments und des Rates (ABl. L 266 vom 9. Oktober 2010, S. 6)

Empfehlung 2011/25/EU zur Festlegung von Leitlinien für die Unterscheidung zwischen Einzelfuttermitteln, Futtermittelzusatzstoffen, Biozid-Produkten und Tierarzneimitteln (ABl. L 11 vom 15. Januar 2015, S. 75)

Verordnung (EU) Nr. 142/2011 der Kommission vom 25. Februar 2011 zur Durchführung der Verordnung (EG) Nr. 1069/2009 des Europäischen Parlaments und des Rates mit Hygienevorschriften für nicht für den menschlichen Verzehr bestimmte tierische Nebenprodukte sowie zur Durchführung der Richtlinie 97/78/EG des Rates hinsichtlich bestimmter gemäß der genannten Richtlinie von Veterinärkontrollen an der Grenze befreiter Proben und Waren (ABl. L 54 vom 26. Februar 2011, S. 1)

Empfehlung 2012/154/EU der Kommission vom 15. März 2012 zum Monitoring von Mutterkorn-Alkaloiden in Futtermitteln und Lebensmitteln (ABl. L 77 vom 16. März 2012, S. 20)

Verordnung (EU) Nr. 528/2012 des Europäischen Parlaments und des Rates vom 22. Mai 2012 über die Bereitstellung auf dem Markt und die Verwendung von Biozidprodukten (ABl. L 167 vom 27. Juni 2012, S. 1)

Verordnung (EU) Nr. 68/2013 der Kommission vom 16. Januar 2013 zum Katalog der Einzelfuttermittel (ABl. L 29 vom 30. Januar 2013, S. 1)

Verordnung (EU) Nr. 165/2013 der Kommission vom 27. März 2013 über das Vorhandensein der Toxine T-2 und HT-2 in Getreiden und Getreideerzeugnissen (ABl. L 91 vom 3. April 2013, S. 12)

Empfehlung 2013/711/EU der Kommission vom 3. Dezember 2013 zur Reduzierung des Anteils von Dioxinen, Furanen und PCB in Futtermitteln und Lebensmitteln (ABl. L 323 vom 4. Dezember 2013, S. 37)

Verordnung (EU) Nr. 2015/786 der Kommission vom 19. Mai 2015 zur Festlegung von Kriterien für die Zulässigkeit von Entgiftungsverfahren, denen zur Tierernährung bestimmte Erzeugnisse unterzogen werden, gemäß der Richtlinie 2002/32/EG des Europäischen Parlaments und des Rates (ABl. L 125 vom 21. Mai 2015, S. 10)

Durchführungsverordnung (EU) Nr. 2016/6 der Kommission vom 5. Januar 2016 mit besonderen Bedingungen für die Einfuhr von Lebens- und Futtermitteln, deren Ursprung oder Herkunft Japan ist, nach dem Unfall im Kernkraftwerk Fukushima und zur Aufhebung der Durchführungsverordnung (EU) Nr. 322/2014 (ABl. L 3 vom 6. Januar 2016, S. 5)

Verordnung (EU) Nr. 2017/625 der Europäischen Parlaments und des Rates vom 15. März 2017 über amtliche Kontrollen und andere amtliche Tätigkeiten zur Gewährleistung der Anwendung des Lebens- und Futtermittelrechts und der Vorschriften über Tiergesundheit und Tierschutz, Pflanzengesundheit und Pflanzenschutzmittel, zur Änderung der Verordnungen (EG) Nr. 999/2001, (EG) Nr. 396/2005, (EG) Nr. 1069/2009, (EG) Nr. 1107/2009, (EU) Nr. 1151/2012, (EU) Nr. 652/2014, (EU) 2016/429 und (EU) 2016/2031 des Europäischen Parlaments und des Rates, der Verordnungen (EG) Nr. 1/2005 und (EG) Nr. 1099/2009 des Rates sowie der Richtlinien 98/58/EG, 1999/74/EG, 2007/43/EG, 2008/119/EG und 2008/120/EG des Rates und zur Aufhebung der Verordnungen (EG) Nr. 854/2004 und (EG) Nr. 882/2004 des Europäischen Parlaments und des Rates, der Richtlinien 89/608/EWG, 89/662/EWG, 90/425/EWG, 91/496/EEG, 96/23/EG, 96/93/EG und 97/78/EG des Rates und des Beschlusses 92/438/EWG des Rates (Verordnung über amtliche Kontrollen) (ABl. L 95 vom 7. April 2017, S. 1)

Verordnung (EU) Nr. 2018/848 der Europäischen Parlaments und des Rates vom 30. Mai 2018 über die ökologische/biologische Produktion und die Kennzeichnung von ökologischen/biologischen Erzeugnissen sowie zur Aufhebung der Verordnung (EG) Nr. 834/2007 des Rates (ABl. L 150 vom 14. Juni 2018, S. 1)

Verordnung (EU) Nr. 2018/848 der Europäischen Parlaments und des Rates vom 30. Mai 2018 über die ökologische/biologische Produktion und die Kennzeichnung von ökologischen/biologischen Erzeugnissen sowie zur Aufhebung der Verordnung (EG) Nr. 834/2007 des Rates (ABl. L 150 vom 14. Juni 2018, S. 1)

Verordnung (EU) Nr. 2019/6 der Europäischen Parlaments und des Rates vom 11. Dezember 2018 über Tierarzneimittel und zur Aufhebung der Richtlinie 2001/82/EG (ABl. L 4 vom 7. Januar 2019, S. 43)

Verordnung (EU) Nr. 2019/4 der Europäischen Parlaments und des Rates vom 11. Dezember 2018 über die Herstellung, das Inverkehrbringen und die Verwendung von Arzneifuttermitteln, zur Änderung der Verordnung (EG) Nr. 183/2005 des Europäischen Parlaments und des Rates sowie zur Aufhebung der Richtlinie 90/167/EWG des Rates (ABl. L 4 vom 7. Januar 2019, S. 1)

Durchführungsverordnung (EU) Nr. 2019/1793 der Kommission vom 22. Oktober 2019 über die vorübergehende Verstärkung der amtlichen Kontrollen und über Sofortmaßnahmen beim Eingang bestimmter Waren aus bestimmten Drittländern in die Union zur Durchführung der Verordnungen (EU) 2017/625 und (EG) Nr. 178/2002 des Europäischen Parlaments und des Rates und zur Aufhebung der Verordnungen (EG) Nr. 669/2009, (EU) Nr. 884/2014, (EU) 2015/175, (EU) 2017/186 und (EU) 2018/1660 der Kommission (ABl. L 277 vom 29. Oktober 2019, S. 89)

Verordnung (EU) Nr. 2020/354 der Europäischen Parlaments und des Rates vom 4. März 2020 zur Erstellung eines Verzeichnisses der vorgesehenen Verwendungen von Futtermitteln für besondere Ernährungszwecke und zur Aufhebung der Richtlinie 2008/38/EG (ABl. L 67 vom 5. März 2020, S. 1)

Nationale Rechtsvorschriften

Lebensmittel- und Futtermittelgesetzbuch in der Fassung der Bekanntmachung vom 3. Juni 2013 (BGBl. I S. 1426), das zuletzt durch Artikel 97 der Verordnung vom 19. Juni 2020 (BGBl. I S. 1328) geändert worden ist

Futtermittelverordnung in der Fassung der Bekanntmachung vom 29. August 2016 (BGBl. I S. 2004), die zuletzt durch Artikel 1 der Verordnung vom 16. Juli 2020 (BGBl. I S. 1700) geändert worden ist

Allgemeine Verwaltungsvorschrift über Grundsätze zur Durchführung der amtlichen Überwachung der Einhaltung der Vorschriften des Lebensmittelrechts, des Rechts der tierischen Nebenprodukte, des Weinrechts, des Futtermittelrechts und des Tabakrechts (AVV Rahmen-Überwachung – AVV RÜb) vom 3. Juni 2008; Zuletzt geändert durch Verwaltungsvorschrift vom 15. Februar 2017 (BAnz AT 17. Februar 2017 B3)

Verordnung zu Mitteilungs- und Übermittlungspflichten zu gesundheitlich nicht erwünschten Stoffen (Mitteilungs- und Übermittlungsverordnung – MitÜbermitV) vom 28. Dezember 2011 (BGBl. I S. 58)

Bildquellenverzeichnis

Umschlagrücken (oben): Bühler, **(unten):** Big Dutchman; **S. 11:** Big Dutchman International GmbH (unten Mitte), Forschungsanstalt Agroscope Reckenholz-Tänikon ART (unten rechts); **S. 20, Bildreihe unten:** Case New Holland (Erzeugung), BAG Hohenlohe (Transport); Agravis (Vertrieb); Austing (Herstellung); **S. 24:** Bitzer Wiegetechnik GmbH (oben); **S. 25:** Dr. Roland Pelzl – cityfoto (unten); **S. 35:** Bühler GmbH (unten); **S. 37:** Big Dutchman AG (oben); BayWa AG (unten); **S. 40:** Nordzucker AG (unten); **S. 43:** Ottevanger (unten); **S. 44:** LAE Anlagenbau GmbH; **S. 44:** BayWa AG; **S. 46:** AGRAVIS Raiffeisen AG (oben), BayWa AG (unten); **S. 49:** Landwirtschaftliche Bezugsgenossenschaft eG Damme (LBD) (links); AGRAVIS Raiffeisen AG (rechts); **S. 52:** BMEL; **S. 58:** Kastenmüller GmbH (unten); **S. 59:** Bayer AG (unten); **S. 61:** HARDI GmbH (unten); **S. 68:** Degen Vorratsschutz GmbH (oben); **S. 75:** Bühler AG (oben); **S. 80:** Coop Genossenschaft (unten); **S. 100:** Axel Duerheimer – pixelio.de (oben links); Birgit Meyke – pixelio.de (oben Mitte); Dr. Klaus-Uwe Gerhardt – pixelio.de (oben rechts); **S. 109:** Amandus Kahl GmbH & Co. KG; **S. 105:** Bayer AG (unten); **S. 130:** DLG e. V. Deutsche Landwirtschafts-Gesellschaft (unten Mitte), QS Qualität und Sicherheit GmbH (unten rechts)

Sachwortregister

VLOG-
anerkanntes
Labor
Analytik von Experten
• Gentechnisch veränderte Organismen
• Pflanzenschutzmittel
• Mykotoxine und Pflanzentoxine
• Dioxine / PCBs
• Tierarzneimittel
• Vitamine und Aminosäuren
• Mineralstoffe, Spurenelemente, Schwermetalle
• Mikrobiologie / Salmonellen
• Weender-Analyse
• Nährwert-Analytik (u. a. Fettsäurespektrum, Stärke und Zucker)
• Internationale Kennzeichnung
eurofins
service@eurofins.de
www.eurofins.de
QS-anerkannt und GMP+-zertifiziert